子どもを見る目が変わる！

インクルーシブな視点を生かした学級づくり・授業づくり

蔵満逸司

JN069130

黎明書房

まえがき

　廊下の床にごろんと寝そべり，授業に参加しようとしない真由美さんに，「授業中です。ちゃんとしなさい。もう2年生でしょ」と叱りつけたのは，教師になりたての私でした。

　声は荒々しく，顔は強ばり，今にもつかみかからんばかりの私に，にこっと笑顔を見せて真由美さんに近づいたのは，特別支援学級担任の幸代先生でした。幸代先生は，自然にごろんと床に寝そべり真由美さんの横に並ぶと天井を見上げました。

　真由美さんは，笑顔になり幸代先生と手をつないで「さっちん先生，ほらあそこに鬼の顔があるでしょ」と天井の染みを指さしました。見上げると黒く変色した部分が鬼の顔に見えました。

　私は教室に戻り，二人を気にしながらも授業を始めました。しばらくすると，真由美さんは何事もなかったかのように笑顔で席に座るとノートと教科書を広げて授業に参加したのです。

　「気分がよくなったから少し勉強するって言ってますよ」と幸代先生はささやいて立ち去りました。

　プライドだけ高く実践の伴わない私を変えたのは，特別支援教育の世界で実践をされてきた幸代先生のような方々でした。

　本書は，いつか幸代先生のような先生になりたいと思いながら小学校教諭を続けてきた29年の経験から，学級づくりで大切だと思うことを授業づくりも含めて10の視点でまとめたものです。

　黎明書房の伊藤大真さんにはお世話になりました。ありがとうございました。

蔵 満 逸 司

※本書で紹介した事例は，名前など事実の一部を意図的に変えてあります。

目次

① 子どもの「好き」をとことん大切にした 学級づくりを始めよう

ゆうさんは，私がいつも持っているデジタルカメラがとても気になるようで，休み時間に私を見ると近づいて，興味深くカメラを見つめて触っていました。

ゆうさんは，自分の気持ちを言葉で伝えることが少し難しい子どもでしたが，カメラに興味があることは伝わってきました。

私がゆうさんの担任になって，まず準備したのは，落としても水に沈んでも簡単には壊れないデジタルカメラでした。

「これは，ゆうさん専用のカメラ。写真をたくさん撮ろうね」と話しかけると，にこっと最高の笑顔を見せてくれました。

朝，一緒に校庭を散歩する時間が，ゆうさんの撮影タイムです。写真は自由に撮らせました。

ゆうさんは，Ａ４用紙１枚の上半分に自分で選んだ写真を印刷し，下半分には写真に関わる言葉を筆ペンで書きました。１枚の作品が完成すると額に入れ，教室の壁や廊下に掲示しました。作品を見た友だちや教職員は，ゆうさんと作品を通してコミュニケーションをとりはじめました。

一年の終わりに，ゆうさんの作品から選んだ写真をアルバムにし，家族と先生方にプレゼントしました。とても素敵な写真集になりました。先生方に手渡すゆうさんはニコニコして嬉しそうでした。

子どもたちの「好き」は，学級づくりの最重要情報

多くの人がそうであるように，「好き」なことやものに関わる時，人は笑顔を見せます。「好き」なことなら，多少の努力や忍耐は辛くないのです。子どもたちの「好き」なことを知ることが学級づくりでとても大切なことです。

子どもたちの「好き」を共に楽しむ

子どもたちの「好き」に対する教師の反応はさまざまです。子どもたちが何を「好き」かを知らない教師もいます。知っていても興味を持たない教師もいます。子どもの「好き」の価値を知っている教師は，感度高く情報収集を行い，いろいろな場面で子どもの「好き」を活用します。

初任校での話です。担任する6年生女子の間で，光ゲンジというアイドルグループが大人気でした。私もCDを買って聞きました。私は，『ガラスの十代』という曲がとても気に入り，カラオケでよく歌いましたが，結局最後まで子どもたちの前で光ゲンジを話題にすることはありませんでした。とても苦しかった女子との関係を変えるきっかけになったかもしれないのにもったいないことをしました。

子どもの「好き」を見つけよう

子どもの「好き」は，わざわざ見つけようとしなくても，自然に見えたり聞こえたりするものですが，意図的に見つける方法も，見つけやすいタイミングもあります。

子どもの持ち物を観察することから始めます。筆箱，鉛筆，消

「好き」カード

児童名 （　　　　　　　　　　　）

生年月日

干支　　　　　　　　　星座

名前の由来

習い事

口癖

色	遊び
歌	教科
歌手	見るスポーツ
俳優	するスポーツ
テレビ番組	飲み物
映画	お菓子
場所	給食
本	マンガ
国や地域	服

_____

_____

_____

しゴム，下敷きなどにイラストや写真，ロゴマークなどがあるなら有力情報です。「かわいいね，これは何の動物なの」「好きな歌手かな」「何のマークなの」と話しかけて具体的な名前を教えてもらいます。

　普段のさりげない会話にも「好き」は登場します。「先生，この人知ってる？」と聞かれたら，「知らないけど，教えて」と質問すると，笑顔で話してくれます。

　日記にも「好き」は頻繁に登場します。本だったり，アニメだったり，歌手だったり，日記には「好き」がいっぱいです。

　休み時間の使い方も気にしてみましょう。いつの時代にも流行の遊びがあるものです。ひとり遊びが好きな子どもは，何かとっておきの「好き」なことに時間を使っているかもしれません。

　図書館の貸し出し状況はわかりやすい情報源です。昆虫の本ばかり借りる子もいれば，推理小説に夢中の子どももいます。

　家庭訪問などで保護者から得る情報は貴重です。学校ではなかなか見せない特別な「好き」を知るチャンスです。

　子どもたちの「好き」をメモする「好き」カード（5頁）を作って記録し，時々眺めてみると，活用のヒントが見つかります。

子どもの「好き」を共に楽しむと教師も楽しくなる

　30人の子どもがいるとして，30人の「好き」がばらばらではありません。共通する「好き」が結構あります。時代の流行は多くの子どもの「好き」に影響を与えています。

　共通する「好き」は大切です。マンガであれ，アニメであれ，本であれ，外遊びであれ，子どもたちと一緒に楽しんでみると発

見があります。多くの子に好かれているものには，昔は子どもだった教師の心に訴えてくる何かがあるはずです。休み時間の遊びもたまにでいいので参加してみると，子どもたちの心を引き寄せる魅力に気がつきます。

子どもの「好き」の活かし方

　大人も自分の「好き」に興味を持ってくれる人に対して好感を抱きやすいものです。子どもたちも同じです。先生が自分の「好き」に関心を持っていることがわかるだけでとても嬉しいのです。

　子どもたちは，自分の「好き」に先生が興味を持っていることに気がつくと，明るい気持ちになり，積極的に学習や活動に取り組むきっかけになります。

　子どもの「好き」に関心を持っていることは遠慮なく伝えましょう。「先生も○○○を見てるよ」「○○○がかっこいいね」と話題にするだけでも伝わります。

　子どもたちの「好き」に関係のある本を教室の本棚に置くと，子どもたちは自分の「好き」が認められた気持ちになるし，自分の「好き」に興味を持っていない同級生がひょっとしたら好きになるのではという期待を持つことができます。

　子どもの「好き」は，授業に活用できます。教材として使う名称や具体物に子どもたちの「好き」なものをさりげなく取り入れるだけで，わくわくする子どもがいます。

　昆虫・動物・果物・ゆるキャラなどは，ぬいぐるみやフィギュアを手に入れて飾りにします。教具として使うこともあります。

　教師の説話に，子どもの「好き」に関わる話題を取り入れるの

もおすすめです。

子どもの形のない「好き」に気を配ろう

　音楽が聞こえると全身でリズムをとる智子さんは小学2年生でした。自分の都合のいいように物事を考えることがあるので，周囲とはなかなかなじめないように見えました。私と話す時もたいていは心ここにあらずで，反応が乏しかったのです。

　ある日の昼休み，智子さんは校内放送で流れている音楽に合わせて踊っていました。私は少し近づいて踊ってみました。私は，運動神経に自信がないこともあり，普段は人前で踊るなんて絶対にしないのですが，智子さんがあまりに楽しそうに踊っていたので自然に真似して踊ってみたのです。

　智子さんは，「先生やめてよ」と冷たく言いましたが，表情は緩んでいました。次の日も同じようにしばらく近くで踊ってみました。見ていたほかの子も数人つきあって踊ってくれました。

　そんなことが続いたある日の昼休み，書類仕事をしていると，「先生，踊ろうよ」という声がしました。見上げると智子さんでした。書類は放り出して一緒に踊りました。

　少しずつ智子さんと話せるようになりました。智子さんの行動にもいい変化のきざしが見られるようになりました。友だちの「好き」に興味を示すようになったのです。自分の「好き」が友だちに認められたからだと思いました。

　学年末，そろそろ学級じまいの準備に取りかかろうとする頃でした。「先生って変な先生だね」と智子さんに言われました。それはとても嬉しい言葉でした。

「好き」なことを活かした係をつくる

　沖縄県の照屋由希子先生は，子どもの好きなことを活かした係活動をつくることで子どもの良さを引き出す試みをされています。好きなことなら少しぐらい大変でも人はがんばることができます。好きなことを活かした係の仕事をして友だちから認められるととてもうれしくなり，よりやる気が出るのです。

He liked to like people, therefore people liked him.

　アメリカの作家マーク・トウェインの言葉です。『彼は人を好きになることが好きだった。だから，人々は彼のことを好きだった。』という意味だそうです。教師が担任する子どもたちのことを好きになるのは当然のことですが，その気持ちを表す方法の一つが，子どもの好きなことを好きになることなのかもしれません。

　先生は子どもたちのことが好きだった。だから，子どもたちは先生のことが好きだった。そんな風に言われたらうれしいなあと思って教師をしていました。

特別な支援が必要な子どもの「好き」は特に大切

　発達に障がいが認められる子どもたちにとって，「好き」は，心を落ち着かせたり，やる気を出すことにつながる大切な心の動きだと思うのです。子どもの好きに共感して教師が何らかの働きかけをした時の，子どもの反応を表情や言葉に注目して観察するとよくわかります。

　何年も学校に登校していない博之さんについての「好き」情報

は，絵を描くことだけでした。家庭訪問で絵の話をすると少し反応してくれました。登校するようにはならなかったのですが，訪問のたびに素敵な絵を見せて話をしてくれるようになりました。私はイラストの本を買って練習し，博之さんに見せました。下手だと笑われましたが，ちゃんと反応してくれました。

　学級の子どもたちと相談して，文集の表紙絵を博之さんに書いてもらいました。とても素敵な表紙ができあがりました。博之さんなりの，みんなへのメッセージなのだと思いました。

気になる子どもの「好き」を広げていく

　気になる子どもの「好き」な世界を少しずつ広げていくと，それまで興味を持たなかったことに夢中になったり，学習に積極的になったりすることがあります。

　星が好きな子どもに，星座の世界を紹介していると，いつの間にかギリシャ神話を読み始め，神話全般に目が向くようになったことがあります。話し好きな子どもに，短いお話作りをさせてみたところ，童話を書き始めたこともあります。

　マンガ好きな子どもに，歴史漫画を紹介したら，いつのまにかいろいろな学習マンガを読み始めて，勉強にも少しだけ積極的になったことがあります。

子ども同士の「好き」をつなげる

　子どもは友だちの「好き」にも興味があります。共通する「好き」がある友だちがいることを知って自分から話しかけたり，今まで知らなかった世界を知って急に興味を持ったりという効果も

期待できます。

　「好きなもの発表会」をすると，子どもたちは自分の好きなことを一生懸命に話します。ペアをつくり，相手の好きなものを当てるゲームをすると，身近な友だちのことを知るきっかけにもなります。

先生の「好き」を子どもたちに伝える

　先生の「好き」を，子どもたちに伝えることも意味のあることです。意外な趣味に子どもたちが親しみを覚えることもあります。時には先生の「好き」に共感して積極的に学ぶ動機になることだってあります。

　先生が多様な趣味や特技を持つことは意味のあることです。旅行，楽器演奏，手品，ダンス，似顔絵，裁縫，けん玉，ギター……ほんの少しでいいのです。興味を持ったものだけでいいのです。練習をして子どもたちに紹介できるようになることは大切な研修です。私は教員になってから手品を練習し，学級経営に役立ててきました。もちろん下手でも構わないのです。いや，下手な方が親しみを持ってくれる子どもがいるかもしれません。

② 多様な児童の実態に応じた 学級のルールをつくろう

　少し学習が遅れている洋一さんに，他の児童とは異なる算数の宿題プリントを出していました。

しばらくして，他の子の保護者から「差別は止めて欲しい」「自分の子どもは，えこひいきと感じている」という手紙が届きました。

いろいろな児童がいることも，算数だけでなくいろいろな教科で個人差に応じた配慮のある教育をしていることも，児童や保護者は理解していると思っていたのは私の勝手な思い込みでした。４月の学級懇談会で伝えていたつもりですが，理解は得られていなかったようです。

だからといって，算数が特に苦手な洋一さんに他の児童と同じプリントをさせることは難しいと思いました。いろいろ考えて，宿題の出し方を変えてみることにしました。

例えば算数の宿題プリントだと，それまで４番までだった問題を裏面も使って７番までと問題量を増やし，その中に難易度差をつけました。「課題は，７番までの中から４問以上選んでしましょう」とすることで，学力に応じた選択をすることができるようになりました。難問も入れることができたので，簡単な問題ばかりでやりがいがないと思っていた学力の高い子にもやる気が出たと好評でした。

特別な支援が必要な子どもを視野に入れたルールとは

　学級経営にはルールが必要です。学校全体で決まっている「8時までには登校しましょう」とか学年で決まっている「学年朝会の並び方」のようなものとは別に，学級で決めるルールも様々あります。

　教師がルールとして決めて伝えたり，教師が提案して子どもたちと決めたり，時には子どもから提案があり教師と子どもたちで決めることもあります。

　合理的配慮という考え方があります。

> 　障害者が他の者との平等を基礎として全ての人権及び基本的自由を享有し，又は行使することを確保するための必要かつ適当な変更及び調整であって，特定の場合において必要とされるものであり，かつ，均衡を失した又は過度の負担を課さないものをいう。（障害者権利条約　第2条定義より）

　同じような考え方に，「ユニバーサルデザイン」があります。

> 　調整又は特別な設計を必要とすることなく，最大限可能な範囲で全ての人が使用することのできる製品，環境，計画及びサービスの設計をいう。ユニバーサルデザインは，特定の障害者の集団のための補装具が必要な場合には，これを排除するものではない。（障害者権利条約　第2条定義より）

　学級のルールづくりにおいても，特別な支援が必要な子どもが，

全ての人権及び基本的自由を享有し，又は行使することを確保するための必要かつ適当な変更及び調整を行うことが大切で，合理的配慮やユニバーサルデザインを意識して作ります。

合理的配慮について保護者と児童に説明する

　文科省は，障害のある児童生徒等に対する教育を小・中学校等で行う場合には，合理的配慮として，（ア）教員，支援員等の確保，（イ）施設・設備の整備，（ウ）個別の教育支援計画や個別の指導計画に対応した柔軟な教育課程の編成や教材等の配慮をあげています。

　この三点について，学校と学級の取り組みについて教師が十分理解し，子どもたちと保護者にも十分な説明をし理解を求めるようにします。

　特別支援学級や通級教室がある学校では，学級に該当者がいない場合でも意義や目的を説明します。私が特別支援コーディネーターをしていた時は，１年生の入学説明会で全保護者に資料を使って説明をしていました。

　支援員の仕事はとても重要です。教室に支援員がいて特定の子どもに支援を行う場合，他の児童や保護者に，対象児童の特性と支援員の役割について説明を行い，合理的配慮についての理解を得ます。

　施設・設備の整備や柔軟な教育課程の編成と教材等の配慮についても同様です。学校で取り組んでいることについては子どもたちには発達段階に応じて，保護者には必要に応じて説明します。

ルールを全員に適用しやすいようにユニバーサルデザイン化する

　明確な合理的配慮ではなく，誰にとっても居心地がよく自分の目標に向けて学び続けることができる教室にするためには，ルールのユニバーサルデザイン化を進めます。

　学級のルールで，対象児童についてはどうしても異なるルールが必要な場合は，児童と保護者に説明をし理解を得るとともに，過度な対応になっていないか他の教員の意見も聞くなどして常に見直していく必要があります。

基本のルールは学級開きの時点で決めておく

　ルールがはっきりしていないと，問題が起きた時に行き当たりばったりの対応をしてしまい子どもたちが混乱することがあります。場合によっては，その混乱が児童や保護者の教師不信につながることもあります。

　例えば，宿題についても，学級開きまでによく検討して基本のルールをつくり，子どもたちにていねいに説明することが大切です。私は毎年，4月の初めに学級通信に詳しく説明を書いて保護者にも説明をしてきました。(16頁参照)

薩摩小５年生の宿題について

担任　蔵満逸司

宿題を出す目的

・学校で学習したことを，練習してしっかりおぼえる，なれて早く上手にできるようになる。
・家庭で学習する習慣を身に付ける。

宿題の内容

・月曜日から土曜日は，漢字100字・音読５分・算数プリント１枚が原則。
・週に２回，作文の宿題を出します。月曜日と木曜日が提出日です。作文用のノート１ページ以上です。書き方は，別紙の作文宿題説明プリントをご覧ください。
・その他，臨時の宿題を出すことがあります。
・宿題の内容は，毎週末に出す時間割に書きます。

宿題の制限時間

・一日50分以内で終わる量と考えています。テレビを消して，いすに座るか，正座して集中して取り組むのが条件です。
・集中して70分取り組んでも終わらなかった時は止めていいと説明してあります。わからなかった問題などは，登校後に，先生や友だちに教えてもらうことを勧めています。

宿題のない日

・誕生日　・日曜日　・病気で休んだ日
・体調が悪かったり，家庭の事情で宿題をする時間がとれなかったりした日は宿題をしなくても構いませんが，そのことが分かるようになるべく子どもにメモを持たせてください。

宿題を忘れたとき

・登校後，８時15分までの間にできるだけするように説明しています。宿題プリントは黒板に貼ってあるので，エコ用紙（印刷ミスの裏紙）を使うなどして少しでも頑張らせたいと思います。
・忘れたとわからないは違います。どうしてもわからなかった問題はしなくても構いません。保護者の方が一緒に取り組まれるのは大歓迎です。
・理由がないのに宿題をしてこなかった時や家に忘れてきた時は，休み時間にさせますが，放課後にさせることはありません。

宿題の個別対応について

・一枚のプリントの中で選択して取り組む選択式宿題を出すことがあります。

　宿題についてのご質問・ご意見・ご相談は家庭訪問などでどうぞ。

16

宿 題に選択制を取り入れたりヒントを記入したりする

　宿題プリントに選択制を取り入れることはそれほど難しいことではありません。既製品のファックス資料を使う場合も，**少し簡単な問題と少し難しい問題を加えて，計算問題10問の中から7問以上やりましょうとするだけでいいのです。**

　ヒントがあると自分でできる子どももいます。裏面などに例題の解答と解説をつけるとか，教科書の関連するページ数を書くというちょっとした工夫をするだけで，自分で調べて勉強する習慣が育ちます。

言 葉だけでなく文字で示す

　学級のルールや宿題は口頭だけでなく文字で表示することが大切です。メモをする力もつけたいし，多くの子どもには一度言えば通じるかもしれませんが，どうしても文字情報がないと落ち着かない子どももいます。また，教師も自分の指示したことが曖昧になることがあるので，文字で表示することが望ましいのです。

　金曜日に全員が持ち帰ることになっている上履きと給食着などは，百円均一の店で購入した小さなホワイトボードに油性マジックで大きく「金曜日だよ！　給食着と上靴を持って帰ろう」と書いて金曜日の最後の授業の後に黒板に貼るだけで，忘れ物は減りました。

場 所を明示する

　「○○のある場所は，前に言ったでしょ」と注意することが多いなら，子どもたちが見てわかるように明示します。その子も忘

れたくて忘れているわけではないのです。記憶することが苦手な子どもなのです。それなら，同じことを繰り返し注意することは何の益もない無駄なことになります。記憶しやすいような説明はできないかを考えることも大切です。

　例えば教室にある共有の道具が入っている場所には，見ただけでわかるように名札をつけます。宿題を提出することになっているかごには，「漢字ノート」のように，何を出す場所かがはっきりわかるように名前を書いたシールを貼ります。

　ちょっとした工夫で子どもたちは迷わずにすむし，教師も教える回数が減ります。

授 業中の支援の方法

　授業中，既習内容がわからなくなった子どものためにヒントカードを作り，必要な子どもに自由にとらせたり，後ろの黒板に前時の学習内容を表示したりします。どれも困った時に誰でも使えることを説明し，ヒントをもらうことが恥ずかしいことではないという雰囲気を作るようにします。

　いろいろな事情で，コンパスを忘れた，ノートを忘れたと頻繁に忘れ物をする子に，「また忘れたの」と言うより，教室に一定数は保管してさっと貸し出しましょう。メモに書く指導や前日の帰りの会に声をかけるのは当然ですが，それでも忘れる子はいるものです。

学 級のルールを分類して考える

　学級のルールを，次の四つに分類して考えてみることができま

す。

A　していいこと	（例）　学級文庫の本は貸し出し簿に書いたら持ち帰っていい。学級会の提案は，だれでも前の週の金曜日までに議題箱に入れることができる。
B　しないといけないこと	（例）　宿題は朝出す。牛乳パックは小さくして出す。
C　してはいけないこと	（例）　友だちの苦手なことを責めること。陰口を言うこと。暴力をふるうこと。
D　失敗した時のこと	（例）　教室の物を壊したら先生にすぐ連絡すること。

学級ルールのつくりかた，TEACCHに学ぶ

　TEACCH（Treatment and Education of Autistic and related Communication handicapped Children）は，アメリカのノースカロライナ州で1972年以来行われているASD（自閉症スペクトラム障害）の当事者とその家族を対象とした生涯支援プログラムです。

　その特色の一つに，「構造化」があります。構造化には，勉強する場所，遊ぶ場所，落ち着く場所などを，ついたてや棚で区切る，カーペットを敷くなどして明確に区別する物理的構造化があります。場所に応じて目的を変えることで気持ちが安定して学校生活が過ごしやすくなる子どももいます。

　指示や，意思表示を言葉ではなくイラストや写真を使って行うことを視覚的構造化と言います。言葉だけではなくイラストや写真を使うことで，何をすればいいのかを理解しやすくなったり，不安になった時に確かめることができたりして安心できる子ども

もいます。

　学級のルールがあいまいだと困る子どももいます。子どもが困るだけではなく，教師も叱る回数が増え，子どもとの関係が悪くなりがちです。

A　「していいこと」　例えば，学級文庫の本は貸し出し簿に書いたら持ち帰っていいというルールがあります。しかし，これだけでは不十分です。何日借りていいのか，夏休みはどうなのか，続けて借りていいのかなど必要に応じて子どもたちと話し合い，決まったことを紙に書いて学級文庫の場所に明記します。

B　「しないといけないこと」　例えば，宿題は朝出すでは不十分です。8時15分までに，教室後方の漢字提出箱と書かれたかごに，広げて伏せて出すと具体的に決めて図でも示します。

C　「してはいけないこと」　例えば，陰口を言うことはいけないというだけでは不十分です。本人のいないところで本人が聞いたら嫌な気持ちになることを話さないと具体的に決めることが大切です。してはいけないことは，子どもたちと話し合いながら具体的な表現にして文字で書いて確認します。

D　「失敗した時のこと」　例えば，宿題を忘れないでは不十分です。漢字を忘れたら，朝学校に来て書けるだけ書く。書き終わらなかった時は先生に話して休み時間に遊ばず書いて先生に直接出すと決めておくと，宿題を忘れた時もすることがはっきりしているので安心です。

3 一人ひとりの学び方と思考力を 大切にする授業をつくろう

エピソード

　　　　　　　　　　　　高校２年の担任だった池端弥平先生は，長期休みには遠い外国から担任している生徒に葉書を届け，歴史の授業では訪問したことのある国内外の場所の話が織り込まれるという，高校生の私には別世界に生きているような世界史教師でした。

　池端先生は，エピソードで世界史をわかりやすく話すので退屈することはありませんでしたが，それだけではありません。

　「覚えることは大切です」が口癖で，授業始めに必ず前時の学習から５分間テストを出し，80点を取らないと昼休みに合格するまで口頭追試が待つ厳しい先生でもありました。

　池端先生の「わかるということは，違いを説明できること」という言葉も忘れられません。わかったつもりでいても，名前や内容が似ているものとの違いを聞かれると，中途半端な理解では説明することができないのです。

　「図で表すと全体がつかめる」「年表を書けるまで流れを理解しなさい」等々，教えてもらった学び方は今も役に立っています。

　学校では，知識や解き方だけでなく，学び方や考え方を教えることが大切です。思考力・判断力・表現力を育てる教育が大切にされる現在の教育は，予想不可能な未来社会で必要な力を育てようとしています。池端先生の話されていたことの大切さを改めて感じています。

授 業づくりは学級づくりの土台で骨組み

　通常学級でも，ユニバーサルデザインの考え方を基本に学級づくりを考えることが求められています。学級づくりと深い関わりがあるのが授業づくりです。

　担任学級が決まったら，指導方針を仮設定します。指導要録，健康診断簿，知能検査結果，学力検査の結果，ＷＩＳＣ等の発達心理検査結果，個別の指導計画，個別の教育支援計画，引き継ぎ書などあるもの全部を参考にします。特に気になる子どもについては，引き継ぎ資料を読んだ上で，前年度担任や特別支援コーディネーターから直接話を聞くことが大切です。

　新学期が始まったら，児童の実態を言動やノートなどをもとに，仮の指導方針を修正します。必要に応じて，読み書きスクリーニング検査などを実施し，より具体的な指導方針を立てます。

一 人ひとりの学びの特性を配慮した指導を行う

　聞いて学ぶことが，見て学ぶより得意な子どもがいます。見て学ぶことが，聞いて学ぶことより得意な子どももいます。

・黒板の文字を写すことが苦手な子どもには，書く場所がわかりやすいワークシート（23頁参照）を用意する。

・全体に出した課題に取り組むことが困難な子どもには，個別の課題を出す。

・ヒントがあると考えやすい子どもにはヒントカードや既習内容の復習用プリントを用意する。

・書くことが苦手で話すことが得意な子どもには，口頭で問題を出す。

算数ノート　　　　　　月　　日

めあて

学習問題

考えてみよう（わたしの考え）

友だちの考え

友だちの考え

考えてみよう（わたしの考え）

練習問題

・集中することが難しい子どもには，本人と相談し最前列か前方に座らせ教師の声や黒板に集中しやすいようにする。テストの時は机を壁に向けるなど刺激を少なくする。

　取り組んだことが実際に効果があるかどうかを1週間から1ヵ月の単位を決めて検証します。その上で，続けるか，修正するか，止めるかを判断します。一般的に言われていることが目の前の子どもに当てはまるとは限りません。

個 を意識した発問・指示・説明を行う

　一度に行う発問・指示・説明を一つにするだけで通じやすくなります。作業をしている子どもたちに言葉をかけてもたいていは聞き漏らします。五感に訴える発問・指示・説明を行うことも大切です。言葉だけでなく，なるべく文字で表現し，再読したり確認できるようにします。

　発問・指示・説明に，「考える時間は何分あるのか」「話し合っていいのか」「教科書を見ていいのか」など，児童が知りたい情報を組み入れるようにします。

　質問を受ける時間を設定することも大切です。全体に対する質問の時間を設定するだけでなく，質問がある子は挙手するルールを作っておくと子どもは安心して質問することができます。

授 業の流れをある程度パターン化する

　児童が先を見通して学習することができるよう，授業の基本パターンを決めて教室に張り出します。授業は，定刻に始め定刻に終わります。終わりのチャイムを気にせず授業を続けると集中力

が途切れます。

　授業中によく使う用語は，なるべく簡潔なものに統一すると指示が通りやすくなります。黒板に直接書かせる時は，①縦に書く，②最後に名前を書く（ネームのマグネットを貼る），③書く字の大きさのモデルを示す，など統一しておくと「自分の考えを板書しましょう」の指示一つで子どもは迷わずに書くことができます。

　板書も基本の書き方を決めて，なるべく変えないようにします。"考えてみよう""自分の考え""計算""まとめ""練習問題"などよく板書する言葉は，マグネットシートに書いて，どの教科でも統一して使います。

　ノート指導は板書の基本と連動して行います。低学年ではノートに迷わず書けるよう，ノートに合わせて黒板を使うと子どもたちはノートに書きやすくなります。

　色付きのマグネットやチョークを使って，大切なことを目立たせたり，色や字の大きさを変えて大切なことを強調したりすると，学習のポイントが伝わりやすくなります。

　学習している場所が教科書のどこかわかるように，「○○ページ」と，黒板に書いてノートにメモさせると，復習や宿題をする時に役立ちます。

わかったつもりと，わかっているは違います

　新規採用教員の研究授業で，繰り上がりのあるかけ算の授業をしました。挙手する子も多く，スムーズに授業は展開しました。

　「わかりましたか」と聞くと「はーい」と大きな返事が返ってきました。「楽しかった」と聞くと「はーい」とまた大きな返事

が返ってきました。私はやりきった気分で授業を終えました。

　先輩教員からは「教材研究のレベルが高い」「原田さんがいい発表をしていましたね」と高評価でした。ベテランの野村先生から「どれぐらいの子ができるようになったと思いますか」と聞かれたので自信たっぷりに「9割ぐらいでしょうか」と答えました。

　翌日，野村先生の言葉が気になって小テストをすると，正解は6割弱でした。算数が得意な子たちが，大きな声を出して，元気よく手を上げて発表していた授業だったのです。

　野村先生に結果を伝えると，手をさっと上げる子が少なかったことや，ノートにうまくまとめられずにいた子どもが多かったこと，決まった子たちが何度も発表していたことが気になったと話してくれました。この時の反省から，授業の雰囲気ではなく，個別の学びの結果を大切にするようになりました。

思考力を育てる授業づくり

　子どもたちが，自分で新しい問題に対して試行錯誤を行い，問題を解決していく力を育てることが，自立する子どもを育てるためには大切です。

　例えば学校図書の算数教科書（令和2年版）では，算数で使う考え方を9つに整理しています。

1　1つ分を作る	2　そろえてみると…
3　分けてみると…	4　まとめてみると…
5　別の表し方にすると…	6　数や形などを変えてみると…
7　同じようにできないかな	8　きまりはあるのかな

9　どうしてそうなるのかな

　算数で使う考え方を小学校6年間で身につけさせるという考え方はとても大切だと思います。他の教科書も表現は違っても考え方を大切にしている点は共通しています。

　沖縄県の島袋恵美子先生は，子どもたちと話し合いながら算数学習での考え方を子どもたちに定着させる指導を行っています。考え方の名称は，子どもたちの言葉を活かしながら作り，写真のように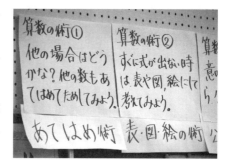

教室に常に掲示し，新しい問題に出会った時にいつでも思い出して参考にできるようにしています。

最後に思考ツールを選ぶのは子ども自身です

　考えていることを整理したり，新しい考えが生まれることを助けてくれたりする時に使うのが思考ツールです。ベン図など昔から使われていたものもありますが，ビジネス書などで新しい思考ツールが紹介され人気が広まりました。子どもたちの学習でも有効性が認められ広まりつつあります。

　思考ツールには，マトリックス，イメージマップ（28頁参照），フィッシュボーン，くま手チャート，クラゲ・チャート，マンダラート（29頁参照）など多くの種類があり，目的に応じて使い分けられています。

思 考ツールの例「イメージマップ」

　イメージマップは，テーマに関連する物を線でつないで書き出すことで，既知の物事の関係をはっきりさせると同時に，新しい発想を導き出すことができる思考ツールです。

　テーマが「暖かい地方のくらし・沖縄県」だとします。まず，中心にキーワードの「沖縄県」を書きます。次に，中心のキーワードから線を引いて，テーマから連想する言葉から見出しになりそうな言葉を書きます。さらに，見出しの言葉から連想する言葉を書いていきます。大きさは問いませんが一枚の紙にまとめて俯瞰できるようにするのが大切です。

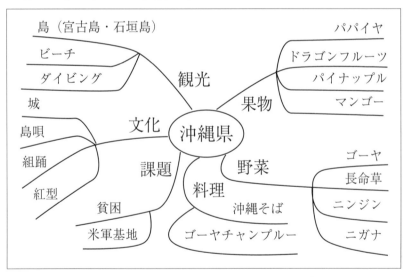

　知っていることを分類しながら整理した上で，友だちのアイデアをもらったり，本などで調べた新しい情報を書き入れていくことで，自分の考えを深めたり広げたりすることに役立ちます。

思 考ツールの例「マンダラート」

　マンダラートは，多様な発想を導き出す時に使われる思考ツールで，デザイナーの今泉浩晃氏が考案したものです。

　横３マス×縦３マスの全９マスになる正方形の表を書きます。中央のマスにテーマを書き，残りの８つのマスにテーマから連想した言葉を書きます。８つのマスを埋めることが重要で，無理矢理にでも考え出すことが新しいアイデアを生み出すことにつながります。思いつかない時は，友だちの意見を参考にしたり，本などで調べて埋めます。自分の持っていた情報を整理したり拡張したりすることに役立ちます。

　８つのマスに書いた言葉の中から，気になるものを選び，新しいマンダラートの中心に書き，残りのマスを埋めると発想をより広げていくことができます。

一緒に笑える	やさしい	困っているときに助けてくれる
休みの日に遊ぶ	友達	注意してくれる
なぐさめてくれる	長くつきあう	一日に一回は話す

振 り返り方を大切にしよう

　子ども自身が自分の学びを振り返ることで，次の学びに見通しを持ち，主体的に学ぶことができます。毎回の授業の終わりや単元末に振り返りの時間を設定する理由はここにあります。何を，どのように学んだかを文に書かせます。

　沖縄県の名嘉信祐先生は，振り返りの視点を毎回大型テレビを使って示して指導していました。子どもたちの振り返りは回を追うごとに充実し，学び方を少しずつ身につけていきました。

通 知表を渡す短い時間は大切な振り返りの時間

　私は，廊下に机を一つ置き，向かい合うように椅子を二つ置き，個人面談スタイルで通知表を渡していました。

　一人一分です。休み中の注意などは，前日にすませます。学期末に書かせた個人申告の「〇学期の記録カード」と通知表を用意し，私の心に残る，その子の学び方や生活面で成長した点をほめます。そして私が気になる，その子にがんばってほしいことを真剣に話します。最後は，「素敵な休みをすごそうね」と伝えます。

　ある年の１学期末，緑さんに，「先生や友達に注意された時に，すねてふてくされるのは悪い癖だと思う」と伝えました。緑さんは，二学期になると見違えるような態度を見せました。二学期末は通知表を渡しながら，「二学期は本当に素晴らしかった。一度

も嫌な態度が見られなかった」とほめました。緑さんは,「あり
がとうございます。わたし,先生の言葉が気になって二学期ずっ
とがんばったんだ」と答えました。

　待っている子たちには,『蔵満先生への手紙』を書かせます。
これを読むのが学期末の楽しみなのです。

4 個を大切にする協同学習を取り入れよう

エピソード　小学校教員になった直後から，児童同士の話し合いを取り入れた授業を行っていました。課題を出し，班で話し合わせ，代表の児童が発表し，出た意見を整理してまとめるスタイルです。

教師が一方的に話す授業に比べ，児童が主体的に学んでいるいい授業だと自分ではとても満足していました。班学習にすると，教師の予期せぬ多様な考えが生まれることも魅力ですが，児童が他児童と意見を交流することで，より高いレベルの考えをまとめることができていると何となく信じていたのです。

ある日，一つの班の話し合いを録音して文字に起こしてみると，道代さんが他の児童に熱心に説明する声が長々と録音されていました。その班のノートを見ると，浩紀さんも和樹さんも道代さんもほぼ同じ内容でした。

全体での学習の時には，班の代表として，道代さんが，自分の考えを班の話し合いの結果として発表していました。

しばらくいくつかの班の話し合いを記録してみました。すると特定の児童が大半の時間話している班や，全員が話していても，それぞれが自分の考えを話すだけで意見の交流がほとんど生まれていない班が多いことがわかりました。ずっと黙っている子どもがいたり，お互いの意見を聞き流したりしている協同学習ならしなくていいと反省しました。私の個を大切にする協同学習づくりの取り組みは，この時の失敗から始まりました。

目的に合わせて協同学習を設計する

協同学習の目的や方法は様々です。教師には，目的に応じて柔軟に協同学習を設計する力が求められています。形式的な協同学習のなかで特定の子どもが常に発言し，特定の子どもが常に黙っているとしたら，協同学習を行うのはマイナスでしかありません。

様々な協同学習の長所短所を整理することが大切です。対象児童の学年や実態，教科の特質，本時のねらい，話し合いにかけられる時間などから協同学習を設計します。

グループの人数は何人にするか

1人の話す時間を長くしたい時，話し合い活動に使える時間が短い時は，2人グループも選択肢の1つです。ただ，話が続かない，課題に対する興味や学力差に隔たりが大きい，仲が良くないというような場合には，学び合うのは難しいかもしれません。3人や4人だと多少は気持ちが通じていなくても，それなりに会話が成立して多様な意見が出ることが期待できます。メンバーを固定すると話しやすくなりスムーズに話し合いが進むことが期待できますが，話す人と聞く人の関係が固定されたり，緊張感が薄れて真剣な話し合いが行われなくなったりすることがあるので常に状況を判断することが大切です。

課題に合わせ，その都度臨時のグループを設定する方法だと，毎回新鮮なメンバーで学ぶことができますが，慣れるまで話し合いがぎこちなくなる心配があります。

自由に移動する方法もあります。意見を聞きたい同級生と自由に話すことができたり，多くの同級生の意見を聞くことかできた

りするなどの長所があります。一方，話しかけることに消極的な児童や騒々しさを嫌う児童への配慮が必要になります。熱心に話しているように見えて，雑談をしているだけの児童もいます。意欲を持ちやすい課題を設定し，話し合いの方法をていねいに指導する必要があります。

課題設定にもいろいろな方法がある

　全員の課題を共通にすると，全体学習で多様な意見が出てきやすくなります。グループごとに異なる課題を設定し，それぞれのグループが学んだことを全体に還元するようにすると，限られた時間に複数の課題を扱うことができるので効率的ですが，グループ内で学びの差が生まれたり，自分のグループの課題以外については，あまり考えないまま終わったりすることがあります。

　複数の課題の中から自分で選択し，同じ課題を選んだ児童と新たなグループを構成する方法もあります。意欲は高まりますが，選択される課題に偏りが生まれることがあります。グループごとに，自由に課題を選ばせる方法もありますが，予定している時間では解決困難な課題を選ぶ班があるなど，予期せぬ事態が想定されるので，余裕のある時間設定が必要になります。

個を大切にする話し合い活動を実現するための工夫

　2人での話し合いでは，相手の意見を発表させる方法がおすすめです。ペアの子が考えたことを代理で発表するので，筋道の通った考えを相手から聞き出し記録をとる力が育ちます。

　役割設定も有効です。4人だと，例えば司会・記録・発表・時

計と役割を決めて話し合うと責任感が生まれ，積極的に話し合いに参加する児童が増えます。教師は，それぞれの役割のモデルを示し，どの役割でも担当できるよう指導します。役割ごとに簡単なマニュアルを作ると取り組みやすいようです。

個 が大切にされていない時にとる手立て

　１人が発表し，次の子は前の子の発表内容に対して自分の考えを話し，それから自分の考えを話すという方法や，１人が意見を発表した後に，他のメンバーが順番に質問や意見を話す方法もあります。最初は，このようなルールで話し合い活動をさせると抵抗が少ないようです。

発 表する役割をグループに任せない

　発表する子をグループに任せると，発表の得意な児童が発表することが多く効率的です。しかし，発表者が偏ることが多くなりがちです。まとめ方や発表方法を指導しながら，全員に発表係を担当させると発表者の偏りは生まれません。

話 し合いの記録の取り方と発表の指導

　ミニ黒板を使うと，全体に見せながら発表したり，掲示したりすることができます。ミニ黒板を写真に撮り印刷して配布すると，ノートに貼ったり，教室に掲示したりすることができます。

　ノートに記録すると，気楽に書けて後に残しやすいのですが，発表の時に見せるには文字が小さ過ぎます。口頭発表にするか，実物投影機でノートを写すなどの工夫が必要になります。実物投

影機を使う場合は，教室の後方からも見えるように，機器の使い方をていねいに指導します。

　教師オリジナルのワークシートを使う方法もあります。ワークシートは，作成や印刷に手間がかかりますが，記入や掲示がしやすく，教師がコメントを書き込んで返すこともできます。散逸しやすいので，ファイルに綴じるとかノートに貼る習慣を身に付けさせるなど保存方法を工夫することが大切です。

　口頭発表では，結論を最初に話すことや，班のメンバーが発表に合わせてキーワードを黒板に書くことなどを指導します。

　ポスター発表は，視覚に訴えることで，他の人に伝わりやすくなるし，授業後も掲示しやすいのですが，用紙の費用とそれなりの製作時間が必要になります。

　記者会見型発表もおすすめです。担当した課題について，他グループからの質問に答える形で発表します。グループで簡単な想定問答集を作成すると自分たちの考えに欠けている点がはっきりして，より充実した内容に修正することができます。

　このように自分たちの考えを言葉で明確に簡潔にまとめて，他児童に理解できるように説明することで，自分の理解も深まっていきます。他グループからの質問に回答できない場合，再度話し合い再回答する時間をとるとより深い学習ができます。

著 名な協同学習の技法について

　協同学習の中には，実践が重ねられ定評があるものもあります。

・ジグソー法

　ジグソー法は，アメリカの社会心理学者エリオット・アロンソ

ンが提唱した学習方法です。『ジグソー法ってなに？―みんなが協同する授業』（エリオット・アロンソン他著，昭和女子大学教育研究会訳，丸善プラネット）によると，提唱当時のアメリカの学校では，白人と黒人の子どもの間に教育レベルの差があり，白人の子どもばかりが積極的で，黒人の子どもは劣等感から授業にあまり参加できずにいました。エリオット・アロンソンは，教育レベルが違っても，お互いが協力しなければならない学習方法を作ればこれを解決できると考え，ジグソー法を開発したのです。

　ジグソー法の手順例です。

---

①5人の班を作る。

②沖縄県の特色をまとめる学習で，班の5人に「沖縄の音楽」「沖縄の歴史」「沖縄の自然」「沖縄の食文化」「沖縄の観光」と課題を割り当てる。それぞれが班の「沖縄の音楽」や「沖縄の歴史」の専門家になる。

③それぞれの課題ごとに新しい班を作り，同じテーマで協力して調べながらまとめていく。

④元のグループに「専門家」として戻り，専門家のグループで調べてまとめたことを班の他のメンバーに紹介する。

　全員に役割があるので，意欲的に参加することができるのが魅力で全国で実践されています。

・ワールド・カフェ

　アニータ・ブラウンとデイビッド・アイザックスが提唱する話

し合いの方法です。『ワールド・カフェ―カフェ的会話が未来を創る―』（アニータ・ブラウン／デイビッド・アイザックス著，香取一昭他訳，ヒューマンバリュー出版）によると，「知識や知恵は，機能的な会議室の中で生まれるのではなく，人々がオープンに会話を行い，自由にネットワークを築くことのできる『カフェ』のような空間でこそ創発される」という考えに基づいた話し合いの手法で，本物のカフェのようにリラックスした雰囲気の中で，テーマに集中した対話を行います。

ワールド・カフェの手順例です。

---

① 4人班をつくり，テーブルホストを決める。

② テーマについて班で4分議論する。

③ テーブルホストは話のポイントをメモする。

④ 4分過ぎたら，テーブルホスト以外は他のテーブルへ移動し，そこのホストから前の議論の要約を聞いてさらに議論を深める。

⑤ これを3回繰り返した後に，各テーブルホストがまとめの報告を全員にする。

自分の意見を否定されず，尊重されるという安全な場で，相手の意見を聞き，つながりを意識しながら自分の意見を伝えることにより生まれる場の一体感を味わえるのが魅力です。

沈黙の協同学習

話さない協同学習もあります。全員が，自分の考えに対する他

のメンバーの感想やアドバイスを文字でもらうことができます。
　沈黙の協同学習の手順です。

1　テーマに対する自分の考えをワークシート（40頁参照）
　に書く。
2　ワークシートを友だちと交換する。友だちの書いた考え
　を読んで，感想やアドバイスを書く。批判的なことや，関
　係のないことはなるべく書かない。
3　書き終わったら本人に返す。
4　友だちの考えを参考にして，改めて自分の考えを書く。
5　友だちの考えに対する感想をなるべく入れて，口頭また
　は掲示などの方法で全体に発表する。

この方法には，
・自分の考えを友だちにていねいに読んでもらい建設的な意見を
　もらうことができる。
・友だちの意見を読んだ上で改めてじっくり自分の考えをまとめ
　ることができる。
・じっくり考える時間を確保できる。
・思考や対話が文字で残るので，振り返りや個別指導，評価がし
　やすい。
というような長所があります。
　時間的に余裕があるなら，3人や4人の班で，ワークシートを
回覧して数人の友だちに書いてもらうこともできます。

年　月　日　名前＿＿＿＿＿＿＿＿＿

テーマ・問題

わたしの考え

感想・アドバイス

名前（　　　　　　　）

名前（　　　　　　　）

わたしの考え　まとめ

一人の発表を大切にするペアトークU型

これは私が提唱している方法です。課題に対するレポートをそれぞれ書いた後で，5人グループで実施します。右の図のような席の配置になります。

ペアトークU型の手順です。

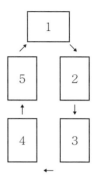

① 1の場所に座った児童がレポートを発表する。
② 発表後に向き合っている2と5，3と4の児童がレポートの内容について意見交換をする。その間，1の児童は，二組の会話に耳を傾ける。1の児童は二組の会話に直接関わらないが，誰かに質問された時は自分の考えを手短に話す。
③ 時間が来たら右回りに移動して5の児童がレポートを発表して，1と4，2と3の児童がレポートの内容について意見交換をする。
④ 全員の発表が終わるまで繰り返す。

この方法の長所は，自分のレポートに対する4人の考えを聞くことができる点にあります。一人ひとりの発表を大切にする協同学習の方法として提案しています。

5 気になる行動の理由を見極め，小さな変化につながる見通しを子どもと共に立てよう

　優花さんは発表が苦手で，自分の番になると下を向いて小さな声でぼそぼそと話す子でした。私が「もう少し大きな声を出して」と促すと逆効果でより小さな声になりました。

　ある日「教室にあったらいいもの」という題名で日記を書かせました。優花さんは日記に「テレビ番組のようにマイクがあったらいいのに。後ろの人にも聞こえるから」と書いていました。私は，優花さんとゆっくり話すことにしました。

　「発表して，間違ったから笑われたことがあった。それからあまり大きな声で話さなくなった」「マイクがあったら，小さな声でもみんなに聞こえると思ったから日記に書いた」と言うので，私は優花さんと作戦を立ててみんなに発表しました。

　マイクは誰でも使っていいけど，隣の教室の迷惑にならないよう音量には十分気をつける。声が少し大きく出せるときは，マイクのボリュームを少し下げる。マイクなしで一番遠い席の友だちに聞こえる人はマイクを使わない。

　しばらくは数人が面白がってマイクを使っていましたが，じきに優花さん専用になり，いつのまにか優花さんも使わなくなりました。誰も使わなくなったマイクですが，3月末まで，飾っておきました。優花さんはそのマイクを「優花のお守り」と呼んでいました。

好 ましくない行動を見たときどうするか

　子どもの好ましくない行動を見た時，教師が見せる反応はさまざまです。とにかく叱りつける教師もいます。「聞こえない」「何してるの」「何回言えばいいの」「立ってなさい」「こらあ」，最近は見かけませんが，いきなりたたく先生もいました。

　多くの教師は，子どもの話をじっくり聞こうとします。「先生と少し話そうか」「どうした，何かあったの」と穏やかな表情で子どもに話しかけると，子どもの強ばった表情が和らぎ，しばらくすると気になる行動の理由を話してくれることもあります。

　教師は，話を聞いて，共感できる部分については共感していることを伝え，そうでない部分については本人が素直に自分の言動を振り返ることができるように促します。

　その場で解決できない場合は，話を十分聞いた上で後日また話す約束をします。数日観察し，関係する子どもに話を聞いたりするなど情報を収集し気になる行動の理由を見つけていきます。

　私の経験では，叱りつけて解決することもありましたが，失敗すると問題が長引き深刻化しました。話を聞く方が時間はかかりますが，いい結果につながることが多かったようです。叱りつけて解決したとしても,根本的な原因が取り除かれていない場合は，すぐに気になる行動を繰り返しがちです。

応 用行動分析で子どもを見る

　子どもの話を聞いたり観察したりすることで事実を整理し，指導方法を考える時に役立つのが応用行動分析（ABA）です。行動の前の先行刺激や行動の後の結果を変えることで，行動が変わ

るという考え方で，発達障害のある児童生徒に対する教育などで広く使われています。

先行刺激	行動	結果
おもちゃ売り場の近くを子どもと通る	子どもが，おもちゃが欲しいと泣き叫ぶ	保護者が仕方なくおもちゃを買ってあげる

　この場合，保護者がおもちゃを買ってあげたことで，子どもは得をしたので，次に何か欲しいものを買ってもらえない時は，同じ行動をとればまた買ってもらえると学ぶことになります。

　先行刺激や結果を変えることで，行動が変わります。例の場合，先行刺激を変えて行動を変えるためには，おもちゃ売り場に近づかない，次におもちゃを買う日を決めておくなどの方法をとり，おもちゃが欲しいと泣き叫ぶ状況を作らないようにします。

　結果を変えて行動を変えるためには，子どもが泣き叫んでも絶対に買わないことで子どもに得をさせず，泣き叫んでも買ってもらえないことを学習させるようにします。

気になる行動を分析する方法

　子どもが，どんなにルールを無視していても，どんなに暴力的であったとしても，すぐに大声で叱りつけたり，感情的に指導を行ったりすることはいい結果に結びつきません。まず誰にとっても安全な状態になるよう行動します。必要に応じて他学級の教諭や養護教諭を呼ぶなどの対策をとります。

　子どもが落ち着いたら，本人や見ていた人と話して，行動に至

る状況を整理します。同様の行動をとったことがないか，あるならどのような指導を行い，その結果どのように行動が変化したかなどの情報も収集します。あらゆる可能性を排除しないことが大切です。限られた情報や思い込みから判断するとたいてい失敗します。

問 題行動が続く理由を考える

　問題行動によってその子が得していることがあるかないかを確認します。一般的に，問題行動が続く場合には，その行動で次のようなことが実現していることが考えられています。

　①　欲求が実現する

　問題行動をすることで，何かを買ってもらえたり，したかったことができたりする。

　②　嫌なことを回避したり逃避したりできる

　問題行動をすることで，嫌なことを避けられるのが回避です。ダンスで，友だちと手をつなぐのが嫌で友だちの手をかんだら手をつながなくてよくなった場合は回避です。手をつながないといけないことがわかっているので，最初から体育を休むのは逃避です。

　③　注目を集める

　友だちをからかったことで，友だちや先生，家族の注目を集めることができたので，またからかうという場合は，注目を集めることが問題行動の理由になります。

　④　感覚刺激を満たす

　問題行動自体が心地よい刺激になり感覚刺激を満たす場合もあ

ります。つばを出し入れしたり，一定の動きで音を立てたりすることで，退屈がまぎれたり不安を感じなくなることがあります。

　行動が強くなったり繰り返されることを「強化」，行動が減ったりなくなったりすることを「消去」と言います。何が問題行動を強化しているのかを正しく判断して，適切な方法でよい行動は強化し，問題行動は消去します。強化しているものの判断を間違えると，行動に変化は見られないので，観察からやり直します。

行　　動	・係の活動をがんばった。
行動の後	・友だちにえらいなあとほめられた。
行動の変容	・係活動を率先して行うようになった。

　この場合，行動の後に，友だちにえらいなあとほめられたことが係の活動をがんばるという行動を強化したことになります。何が望ましい強化につながるかを考え指導します。

行　　動	・席を離れる。
行動の後	・先生は何も言わなかった。
行動の変容	・問題がわからない時はいつも席をはなれるようになった。

　この場合，好ましくない行動の変容が見られたので，席を離れる原因を考えて教師の行動を変えます。

　席を離れることで勉強をしなくていいので席を離れたのなら，①の「欲求が実現する」が理由になります。勉強する気持ちはあ

るけど，その日の勉強がわからなくて席を離れるのなら，②の「嫌なことを回避したり逃避したりできる」ことが理由になります。先生や友だちに関心を持ってもらいたい場合は，③の「注目を集める」が理由になります。席を離れて歩くことで気持ちが落ち着く場合は，④の「感覚刺激を満たす」ことが理由になります。

気になる行動への指導方法

　①の「欲求が実現する」ことが理由の場合は，勉強自体が嫌いなので簡単にはいきません。授業自体を学習が苦手な子どもでも意欲的に取り組めるように改善したり，個別支援の方法を検討したりします。対象児童の「好きなもの」を教材に取り入れる，発問に三択学習クイズを取り入れる，特別教育支援員の協力を得て個別に学ぶ楽しさが伝わる指導を行うなどの手立てをとります。

　②の「嫌なことを回避したり逃避したりできる」ことが理由の場合は，ヒントカードを用意したり，既習内容を振り返る個別指導を行うなどを検討します。

　③の「注目を集める」ことが理由の場合は，わからない時は右手を少しあげたら先生が行くよと事前に約束しておくとか，その子へ視線を少し多めに向けるなどの対応が考えられます。

　④の「感覚刺激を満たす」ことが目的の場合は，じっと座っていることがきつくなったら別の場所でしばらくクールダウンさせることも考えてみます。歩き回ることを一気にやめさせるのではなく，一回の時間を短くしたり回数を減らすことを考えてみます。落ち着いてきたら，歩く代わりになる手遊びやイラストを描くなどの身体的な動きを試してみます。

問 題行動の先行刺激を変えられないか意識する

　落ち着きがなく集中力に問題がある理由が寝不足だと思われるなら，保護者と相談して，寝不足の解消を目指します。大きな音に大きな反応をする子どもがいる時は，運動会のピストルを笛に変える，普段の練習からピストルを使い慣れさせるなどの対策をとります。

　こうすればこうなるという絶対の法則があるわけではありません。集中力がすぐ途切れる子どもに，よそ見がしにくい最前列の中央に座らせる方がいいのか，よそ見がしやすい窓際の席にして時々外を見ていいことにする方がいいかは，試してみないとわからないことです。いろいろな手立てを試してみることが大切です。

気 になる行動に対するスモールステップでの指導の手順

　気になる行動はすぐには変わりません。時間がかかるし，一度変わってもまた元に戻ることはよくあります。現在の状況から，目指す状況まで，考えられる段階を10のスモールステップで考えてみます。なるべく，対象児童と作成して一緒に成長を確認します。(49頁参照)

　最初に作ったスモールステップがうまくいかない時は見直します。その児童のことを知っている管理職や特別支援コーディネーターなどにアドバイスをもらうことも大切です。

子 どもの成長をほめるにはコツがある

　スモールステップの一つを達成するごとに，子どもを積極的にほめましょう。ほめられていやな子どもはいません。

名前（山口裕太）		
めざしていること　友だちの悪口を言わない		
がんばること 　・友だちのことを毎日3回ほめる 　・友だちにほめられたら記録する 　・悪口を言いたくなったら先生の机にあるノートに書く 　・悪口を言いたくなったら魔法の言葉*を言う		
10のステップ	成功	クリア
1　毎日みんなの前で悪口を言っている（今）		
2　月・水・金は悪口を言わない		
3　悪口を言ったら先生とあやまる		
4　本人のいないところで悪口を言わない		
5　先生にしか悪口を言わない		
6　友だちの悪口を3日言わない		
7　友だちの悪口を7日言わない		
8　友だちの悪口を10日言わない		
9　友だちの悪口を20日言わない		
10　友だちの悪口を30日言わない		

＊魔法の言葉：51，54頁参照。

ほめかたにはいろいろいろあります。大切なことは，本心から
ほめることです。子どもに関心を持ち，子どもの成長や努力に共
感と敬意を持てば，自然に本心からのほめ言葉が出てきます。

具体的にほめると，先生がその子をちゃんと見ていることが伝
わります。「よくできたね」より，「繰り上がりの数字をちゃんと
書いてるね」，「跳び箱の３段が跳べたね」より，「助走の位置が
正しかったから跳び箱の３段が跳べたね」というように具体的に
ほめます。

目的に合わせてほめることで，行動の変容が期待できます。

今できたことが次もできることを願って，「朝５分前に来て日
直の仕事をできたんだね」「はねが上手に書けたね」「辞書で意味
を調べるのが上手になったね」と具体的にほめます。

自己肯定感を高めるために，「さすが○○さん，国語博士だね」
「陸上なら○○さんと言われるはずだね」と，教師がその子を認
めていることが伝わるような表現をします。

避けたいほめ方もあります。人と比較してほめる，口癖のよう
に同じフレーズで繰り返してほめるなどのほめ方は効果がうすい
ようです。努力して何かを達成した時に，次はこれだねと，すぐ
に次の課題を持ち出すのも考えものです。達成感を味わう時間も
大事です。

特別なほめ方もあります。本人がいない場所で，他の教師や他
の子どもたちにほめる間接的なほめ方は，本人に伝わるととても
うれしいようです。

6 ソーシャルスキルトレーニングを取り入れよう

浩光さんは，すぐ友だちに手が出てしまう２年生でした。叱られると悪かったと認めて謝りますが，すぐまた手が出ます。

「浩光さんは，自分でも手を出すのは悪いことだとわかっているよね」「うん」。「先生と，手を出さないでもいいようになるための勉強をしようか」「どうするの」。「怒りたくなった時の魔法の言葉を作ろうよ。怒った時は，魔法の言葉を３回唱えて，それでも怒りたい時は怒ればいいよ」「その魔法の言葉を教えて」。「魔法の言葉は自分で決めるんだよ。大好きなものや，好きな言葉を使って考えてみようよ」。

浩光さんは，ニコニコしながら自分で魔法の言葉を考えました。数日後に，浩光さんが話しにやってきました。

「先生，今，魔法の言葉を使ったよ」「何があったの」。「真由美さんが，僕の消しゴムを勝手に使ったから，とても嫌な気持ちになって，たたこうとしたんだ。でも，魔法の言葉（ひろちゃんは強くて優しくてかっこいい）を小さな声で３回言ったら，我慢できた」「やったね。魔法の言葉がきいたね。えらいえらい。真由美さんには先生から話しておくね」。「先生，魔法の言葉は先生と僕の秘密だよ」「わかってるよ」。

この魔法の言葉は，お母さんが何かあった時に浩光さんを抱きしめて何度も繰り返し言ってくれる言葉でした。

ソーシャルスキルとは

　人間関係を円滑にこなせる技術や能力がソーシャルスキルです。ソーシャルスキルを身に付けることをねらいにした学習が，ソーシャルスキルトレーニングです。

ソーシャルスキルトレーニングは誰にでも役立つ

　ソーシャルスキルトレーニングと聞くと，特別支援学級や通級教室で学ぶ子どものための訓練だと思っている方が多いようです。私も特別支援コーディネーターになるまで，長い間そういうものだと思っていました。

　特別支援コーディネーターに初めてなった時に，怒る気持ちをコントロールするアンガーマネージメントのことを知りました。勉強していろいろな方法を知ると，通常学級で学ぶ子どもたちに指導したいと思うようになりました。怒りを暴言や暴力で表現する子どもが学級に何人かいたからです。

　相手とのコミュニケーションがうまくとれない子どもには，人との付き合い方を練習するアサーショントレーニングがとても役に立ちました。

　また，それほど大きな課題があるわけではない児童にとっても，よく怒る友だちのことを理解したり，よりよい自分になるための学習としてソーシャルスキルトレーニングはとても役に立ちました。

アンガーマネージメント

　アンガーは怒りで，自分の怒りをコントロールするのがアンガー

マネージメントです。ＡＤＨＤ（注意欠陥・多動性障害）の子どもで，怒りをコントロールすることが苦手な子どもと一緒に練習したのが，私の初アンガーマネージメントでした。しかし，怒りをコントロールできない子どもは，通常学級にもいます。

日本アンガーマネージメント協会のホームページによると，アンガーマネージメントは，「怒らないことを目的とするのではなく，怒る必要のあることは上手に怒れ，怒る必要のないことは怒らなくて済むようになることを目標」としています。

私が怒ることで困っている子どもと取り組んできたのは，まず理由をはっきりさせることです。

何に腹が立ったのかを聞きます。決して怒鳴りつけたり，叱りつけたりしません。その子にとっては腹が立つ正当な理由があるのです。その子にとっての正当な理由を聞く気持ちが大切です。

腹が立った理由を聞くのは詰問でも問いただすのでもありません。そんな態度で接すると，子どもは自分を守ろうと構えてしまい，冷静に自分を振り返ることは難しくなります。

詳しく話を聞き，落ち着いたところで，一緒に振り返ります。何に怒ったのか，自分の悪かったところは何か，相手が悪かったところは何か。教師が整理しながら一緒に思い返すと，たいていは自分の悪かったところも認めるので，次は相手と話そうと促します。1日でここまで到達しないこともよくあります。その時は次の日にまた話せばいいのです。相手の子とも同じように話します。二人とも謝る気持ちがあれば仲直りは難しいことではありません。

ア ンガーマネージメント―私の取り組み

　私は怒りやすい子どもに出会うと，本人と話し合いながら怒り
をコントロールする方法を試してきました。

①　怒ったときは，ゆっくり数字を数える

　怒った時，すぐに怒りを表現すると物を投げたり蹴ったりとお
おごとになりがちです。しかし，少しでも時間が経つと冷静にな
ることが多いようです。

　間をつくるための方法の一つが，数字を数えることです。数字
は 7 まででも，10 まででもいいのですが，私は，多めの 10 を提
案して子どもに決めてもらいます。子どもが多すぎると言ったら
7 とか 5 に減らします。子どもが決めると，自分が決めたという
意識が働くので思い出しやすいようです。

　数字を決めず落ち着くまで数えたいと言う子もいました。20
とか 30 になると何で怒ったのかわからなくなるからいいんだそ
うです。

②　自分の怒りをコントロールする魔法の言葉をつぶやく

　何人もの子どもが怒りを魔法の言葉で収める場面を見てきまし
た。魔法の言葉はたいてい自分で決めてもらいました。

　「恐竜テクノドン」「僕は怒りません」「スーパーパワー」「大好
きなまきこちゃん」等々，これが魔法の言葉かと思うものもあり
ましたが，本人が納得すればそれでいいのです。

③　その他の方法

　魔法は言葉でなくてもいいのです。写真，絵，先生に頭をなで
てもらう，大声を 1 回だけ出す，いらない紙を破る。その子と相
談しながらすっきりするものを発見するのは結構楽しいことで

す。一輪車で校庭を三周する，
ドッジボールを壁に投げる，
サッカーボールを蹴るなど，
身体を動かすとすっきりした
と笑顔になる子もいました。
図書館や学級園など気に入っ
ている場所に行って少し時間

を過ごすと落ち着く子もいました。

ア　アサーショントレーニング

　人間にとって自己主張は大切なことですが，強く言い過ぎたり，
余計なことを言ったりして後悔することはよくあることです。時
には，自分では当たり前のことを言っただけなのに，周囲の人か
ら責められたり注意されて納得できないということもあります。

　学級で，子ども同士のコミュニケーションが上手くいかず，混
乱したり，誰かの居場所がなくなることがあるものです。そんな
時に大切なことは，自己主張の方法を振り返り，相手の気持ちも
配慮しながら，自分の気持ちを伝える方法を学ぶことです。特別
支援教育だけでなく大人の対人関係を改善するために知られてい
るのがアサーショントレーニングです。

　『ワークシート付きアサーショントレーニング』（田中和代著，
黎明書房，８頁）によると，自己主張のタイプは３種類に分けら
れます。目指すのはアサーティブな自己表現です。（56 頁参照）

自己主張する時の３つのタイプ（宿題を見せてと頼まれ，いやだと思った時の反応）

３つのタイプ	言い方	言葉の意味
１．攻撃的なタイプ	何言ってるの。そんなのずるいよ。ひきょうだ。見せないよ。	相手の気持ちを考えずに，思ったままをしゃべる方法。時には相手に対し非難的，支配的になる。
２．非主張的タイプ	わかったよ。見せるよ。	断りたくても断れず，いやでも受け入れてしまう方法。
３．さわやかタイプ（アサーティブ）	見せることはあなたの力にならないから，ごめん，見せられないわ。	理由を言って，冷静に正直に自分の気持ちを伝える方法。

教師の言動を見直してみる

　教師自身がアサーティブな言動をとっているかどうかを振り返ることから始めます。自分と学級の子どもとの対話をチェックしてみるのです。子どもが何か問題を起こした時に，子どもの言い分をちゃんと聞いているか，自分の感情のままに子どもを攻撃していないか，子どもに謝る機会を与えているかなどを振り返ってみます。

　子どもへの指導には，さまざまな方法があります。上記の３つの自己主張タイプを紹介して，自分の話し方はどれなのかを意識させるだけで，変化が見られる子どももいました。

　『ドラえもん』の登場人物でアサーティブな発言をしているのは誰かを考えさせ，しずかちゃんの言葉遣いに学ぶ授業実践もあります。（『教師のためのアサーション』園田雅代他編著，金子書房）

アサーショントレーニングでは，相手の話に耳を傾けて聞く「傾聴」を大切な力として位置づけています。傾聴しているかどうかをチェック表などで確認し，共感的な聞き方ができるように練習します。

私は，友だちとの関係で起きるケースを設定し，３つのタイプの話し方を一人ひとりに考えさせ，どれが好きな話し方かを役割演技をさせた上で考えさせました。

子どもたちの多くは，アサーティブな自己表現がいいと答えました。アサーティブな自己表現をしたかどうか，帰りの会で振り返る試みを子どもたちが提案し，しばらく実施したこともあります。

話し合い活動で育てるソーシャルスキル

学級活動の話し合い活動では，役割に応じて育てたいソーシャルスキルがあります。発表者は，理由をつけて意見を短くわかりやすく発表します。質問者は，聞きたいことを具体的に発表します。司会者は，板書の係と協力して，発表された異なる意見を短くわかりやすい言葉でまとめます。

複数の意見が対立して結論が出ないことがあります。

司会者には，すぐ多数決をとり決めるのではなく，複数の意見を調整して合意を形成する力が求められます。合意を形成する力は学級会だけでなくいろいろな場面で指導します。

複数の意見を合わせて，一つの意見にまとめる方法はいくつかあります。複数の意見のいいところを組み合わせてまとめる，多くの子どもが賛成している意見に，他の意見のいいところを加え

てまとめる，多くの子どもが賛成している意見を最初にやって次に２番目に多くの子どもが賛成している意見をやってみるように順番を決めるなどです。

　決定まで時間的な余裕がある場合は，決めるのを保留し，次の学級会で再度話し合うことを提案する方法もあります。多数決で決めるだけではなく，他にもいろいろな方法があることを学級会で指導することは，コミュニケーション能力を高める上でとても大切です。

■ ソーシャルストーリー

　アメリカのキャロル・グレイが考案したソーシャルストーリーは，自閉症スペクトラムの子どもたちが，テキストと絵で，ソーシャルスキルを学ぶ方法です。

　ソーシャルストーリーは，「子どもたち自身の理解力を高め，自分の意思で適切な行動を選択できるように導くもの」（服巻智子）で，短い作文のような文の中に，今からすることや，何かの使い方などがよくわかるようにまとめたものです。

　私が作ったものを１つ紹介します。１年生のようこさんと話し合いながら作りました。

はなしたくなったとき

　わたしは　よく　おはなしを　したくなります。
　はなしたくなったら　がまんできなくて　すぐに　はなしはじめます。

　わたしも　はなしたいけど　ともだちも　はなしたいとお
もっているかも　しれません。

　だから　わたしが　はなしたら，つぎは　ともだちの　ば
んです。3人いたら　もうひとりの　ともだちも　はなしま
す。つぎに，わたしの　じゅんばんがきたら　おおよろこび
で　ちょっとだけはなします。

　そうすると　わたしの　はなしも　みんなに　ちゃんと
きいてもらえて　うれしいです。

　子どもの実態をもとに作成し，必要な時に一緒に音読しました。
低学年の児童には，1日の予定を物語のようにして話すことも有
効です。

　子どもと一緒に作ってみたこともあります。自分で書いている
からか，楽しそうに音読していました。

ゲームでソーシャルスキルトレーニング

　ソーシャルスキルをゲームで育てることもできます。構成的グ
ループエンカウンターは，さまざまな活動を通して，本音と本音
で交流できる人間関係づくりを手助けする手法で，定期的に取り
組んできました。

　人の話を聞ける子，自分の気持ちを聞ける子にと開発された阿
部博志氏考案の『トーキングゲーム』，日本アンガーマネージメ
ント協会の『アンガーマネージメントゲーム』など優れたカード
ゲームも多数開発されていて，学級全体での指導や個別指導に使
うことができます。

7 校庭に子どもの居場所をつくろう

エピソード

　　　「雅之がよく話してくれるオジギソウはどれでしょうか」と雅之さんのお母さんが聞くので，学級園用のスリッパに履き替えてもらい案内しました。

　お母さんは，オジキソウにお辞儀をさせながら，「雅之は学校に来るとまずオジギソウに挨拶をするっていうんですよ。アップルミントの香りが気に入ったようで，匂いをかいでから靴箱に行って教室に入るようです」とうれしそうに話してくれました。

　私は何人かの子どもたちが学級園に寄ってから教室に入ることを知っていましたが，雅之さんがアップルミントの名前を覚えていて，家でオジソギソウやアップルミントのことを話していることを知ってとてもうれしくなりました。

　「学校に行く楽しみがいろいろあるっていいですねえ」と話すお母さんに，「私も日に何度も学級園に行くんですよ」と返しました。

　学級園には，学級の子どもたちと相談していろいろな植物を植えていました。雅之さんのように朝や休み時間に学級園に寄って植物を見る子のなかには，休み時間にみんなと遊ぶことが苦手な香織さんもいました。香織さんは自分から学級園の係になって忘れずに水やりや草取りをしてくれました。学級園の花にだれよりも詳しくなった香織さんは，独特の香りのするハーブの名前を聞かれて教えるのがとても楽しみだと日記に書いていました。

学級園も教室の一部

　35年前に私は教員になり鹿児島県の小学校に赴任しました。当時は，担当者が配布した苗を，担任と子どもたちが設計図通りに整然と植えるのが一般的でした。どのクラスの学級園かもわからないほどに同じ植物ばかりで，興味を示す子どもはほとんどいませんでした。

　私は，学校における植物栽培は，公園や工場での花壇等における植物栽培とは本質的に異なるのではないかと考えるようになりました。公園や工場での花壇等において重要な『集団美』『大人の目から見た美』は優先事項ではないと思うようになったのです。

　私は，学級園をもっと子どもたちのために使えないかと考え，翌年は学級園を担当する環境衛生係になりました。それまで育苗など行ったことのない私は，主事さんや植物栽培に詳しい同僚に教えてもらいながら，子どもたちがもっと関心を持つことのできる学級園にするための提案をまとめました。

学級づくりの大切な一部としての学級園経営を提案する

　子どもたちと教師による教育の場として学級園を位置づけました。肥料や必要な用具は担当が用意します。育てる植物は，学級ごとに子どもたちと話し合って決めます。種の予算はクラスごとに，春500円，秋1000円の予算を配分します。種まきから種取りまで全ての作業を教師と子どもたちで取り組むことをすすめました。種まきなど技術的なことは，教員対象の研修会を企画して学び合いました。種まきから定植まで，見てわかる資料も作成しました。学校園用と学級で取り組むことが難しい学級の苗は準備

しました。この提案は，教職員の理解を得ることができ実施することができました。

学 級園に季節感のある小さな世界が広がった

　1年担任だった私は，植える植物を子どもたちに選択させました。子どもたちに写真を見せ植物の特徴を紹介しました。花の図鑑を教室に置き，子どもたちが見る時間も設定し，最後に個人で選択させました。種は生活科の時間に，子どもたちと種苗店に買いに行きました。

　フウセンカズラは種にハートのマークがあることがチャームポイントで子どもたちの人気を集めました。支柱を丁寧に組んでいくと大きく育ちました。写真はフウセンカズラのツルをリースにしたものです。大きく成長したのでリースにしたところ，3月まで教室を飾ってくれました。

　綿は，実が開いて柔らかい白い糸が見えるまで興味深く観察していました。オジギソウは毎年植えましたがみんなに人気です。

　ハーブも人気です。ミントはアップルミント，スペアミント，パイナップルミントなどいろいろな種類があります。香りが強いミントは，子どもたちの心をひきつけます。ラビットイヤーはウサギの耳という意味で，言葉の通りのふわふわの感触がいいのか子どもたちはよくなでていました。レモンバームは名前の通りレ

モンに似た香りがします。ローズマリーは一度植えると一年中収穫できるので一つ植えておくと便利です。レモングラスは一株あると大きく育ち独特の香りで楽しませてくれます。ハーブにはお茶にして飲めるものも多いのですが，小学生には向かないものが多いようで飲むことはあまりありませんでした。

　大きくなる植物も人気です。皇帝ひまわりや皇帝ダリアは半年ほどで２メートル以上に成長します。皇帝ひまわりは，種の数を数えたり，背丈を測ったりと算数学習にも使いました。

　写真は，大きめの肥料袋をそのまま使った薩摩芋栽培です。袋の中に実が育つのは意外だったのでしょう，収穫の時はおおーと驚きの声が上がりました。たらいやバケツで育てる米づくりは毎年のように楽しみました。

学級園は手間がかかるが，成果も大きい

　教室で友だちとのなかがうまくいかず，けんかをよくする子が，学級園によく行くようになり，ハーブの香りをかいだり，オジギソウをなでてにこっとしたりする様子を何度も見てきました。もちろん，それほど興味を示さない子どももいますが，きれいな花が咲いた時や，意外な香りがした時などは多くの子どもが笑顔を見せます。

　手間はかかりますが，家で植物と接する機会が少ない子どもに

とっては，花の名前を覚えるいい機会にもなります。保護者にも花好きな方は多いので，育て方を教えていただいたり，苗を提供していただいたりと交流のきっかけにもなりました。

鉢 栽培も楽しめる

　教室が学級園から遠かったり，観察園しかなかったりする学校では，教室で鉢を使った栽培にも取り組みました。ハーブ類は嗅覚に敏感で嫌う子どもがいないか見極めながら検討します。集中しないときにミントの香りを嗅ぐとすっきりしますという子どもがいました。写真は鉢で育てたバジルです。独特の香りが好きな子は，「一枚もらっていいですか」と聞いては，ノートにはさんで香りを楽しんでいました。

　球根類は教室での栽培に向いています。ヒヤシンスやクロッカスは水栽培用の容器を使うと教室でも成長の様子や花を楽しむことができます。

　葉から芽が育つマザーリーフや，球根を置いておくだけで花が咲く水入らずのサフランなども人気があります。

　ベランダが広いところでは，バケツを使ったお米作りや，スイレン，ウォーターバコパ，ホテイアオイなどの水草栽培にも挑戦することができます。

　一階の教室や，ベランダが植物栽培に使える環境ならネットを

張ってアサガオ，ルコウソウ，フウセンカズラ，キュウリ，ニガウリなどを植えてグリーンカーテンを作ると夏には教室の気温を少し下げる効果も期待できます。

世話をしていると，いつの間にかつぼみができて美しい花が咲き始め，多様で美しい学級園になっていきます。日々世話をし，成長を見守ってきた子どもたちだからこその感情があるようです。学級園一つひとつが個性的だと，学校にあるいろいろな学級園を見て回ることが楽しみになります。理科の時間の観察も充実したものになります。

「初めて種まきから育てたけど，愛着が出てきていいですね」「子どもたちが学級園の花に興味を持ったのは初めてでした」と同僚からやってよかったという感想を多くもらいました。

マイツリー

友だちとケンカした智子さんが教室に戻ってこないので，探しに行くと，校庭の銀杏の木の下で泣いていました。智子さんが4月に選んだマイツリーがその銀杏の木でした。

4月に一人一本，校庭の木をマイツリーとして選ばせました。2ヵ月に一度程度，時間を設定して簡単な観察を行い，画用紙に木の外観と1枚の葉の絵を描き，気がついたことをメモするだけです。子どもたちは，つぼみ，葉の色，花，実，落葉と木の変化に気がつき記録します。木の名前を図鑑で調べて，名前の由来や特別な利用方法なども調べます。観察したり調べたりするうちに子どもたちはマイツリーに愛着が生まれるようです。木に名前がついていない時は，木の名札を作って，木を傷つけないように表

示したこともありました。

　智子さんは葉の形が好きだからと銀杏の木を選びました。智子さんの横に座り，友だちとのケンカの話を少し聞いていると，すぐに涙は止まり教室に戻ることができました。マイツリーの下にいると少し気持ちが落ち着いたのかもしれません。智子さんにとって銀杏の木は大切な場所になっていたようです。

　秋には，素手で触れないように気をつけながら銀杏の実を拾い，皮を外して中身を取り出し乾燥させました。実を封筒に入れレンジであたため殻を割り全員で試食しました。智子さんは，銀杏の実の匂いが苦手でしたが，みんなに食べ方を紹介する時は誇らしげな顔をしていました。

紅 葉の落ち葉を楽しむ

　秋になり落ち葉が増えてくると，校内の一定区域を掃除しないようにしていました。落ち葉が積み重なる様子を子どもたちと楽しむためです。

　紅葉の木から落ちる葉を子どもたちと観察したり，木の

下にたまった落ち葉をみんなですくい上げて記念写真をとったりするのです。本にはさんで乾燥させて押し葉にしたり，画用紙に貼り付けて貼り絵にしたりと楽しみました。

校内に魅力のある小さな世界をつくる

　20年ほど前，鹿児島県鹿屋市の小学校で同僚だった岩切敏彦教諭は，使われていない学校園の区画にカブトムシ園づくりを提案しました。保護者や同僚，子どもたちも協力してあっという間にカブトムシ園は完成しました。(写真)

　岩切俊彦教諭は「住宅地にある学校の子どもたちに，身近な自然や生き物をじっくり観察し親しんで欲しくてカブトムシ園を作ろうと思った。学校から少し離れた場所に里山があり，そこには人と自然がいい距離感で暮らしていることを知るきっかけにしてほしかった」「職員室前の池をビオトープ化して，在来の植生を生かして，鹿屋の川からメダカやエビを放して生活科や理科で活用し環境教育の校内でのフィールドにしたことと両輪だった」と当時を振り返っています。

　生活科や理科などの教材として作られたカブトムシ園やビオトープは子どもたちの人気の場所になりました。教室でいやなことがあった時に落ち着ける場所として使っている子もいました。

　この時の経験から，転勤先にビオトープとして使えそうな場所があると少し手を加えてミニビオトープとして使ったり，教室に水槽をおいてメダカや金魚を飼育するようになりました。

プールも教室として意識させる

　水泳で使わない秋から春の期間，プールは小さな生き物たちの楽園になります。子どもたちとプールの水を網ですくうと，トンボの幼虫であるヤゴ，ゲンゴロウ，アカムシなどがすんでいることがわかり，子どもたちは驚きます。気持ち悪いと近づかない子どももいますが，たいていの子どもは，すぐに慣れて興味深げに網で生き物をすくいはじめます。

　プールに水生植物などを入れておくと，トンボになったあとの抜け殻も多く見られるようになります。近くを飛ぶトンボを見つけると名前を図鑑で調べる子もいました。

　年間数回観察すると，すくい上げた生物の種類や数の変化を調べることができます。一度だけならプール使用のための清掃前に行うと，体育係の先生に感謝されます。

　プールの生き物を救うということで環境教育の一環として取り組む実践も行われています。救った生き物をどうするかをよく考えて取り組むと，子どもたちにもいい学びの機会となりそうです。

　私は，プールのヤゴの一部を教室の水槽で飼ってトンボに羽化させていました。身近なところで繰り広げられる生き物の命のつながりに興味を持つ子どもも多く，プールを見る目も変わったようです。

教室を開き続けることで
多様性を当たり前にしよう

作家の島尾ミホさんに，夫で作家の島尾敏雄の短編『出発は遂に訪れず』に描かれた戦争体験についての授業を依頼したことがあります。

奄美大島の名瀬小学校に勤務していた時のことです。

ミホさんは，凜とした姿で，子どもたちにわかりやすい表現で，子どもたちにメッセージを送ってくださいました。

私は，教員になってから退職まで，いろいろな専門家を教室に招いて一緒に授業をしてきました。専門の知識や経験を子どもたちに生の声で伝えてほしいという願いからでしたが，子どもたちが刺激を受けて，学ぶ意欲が高まることも期待していました。

数日後，クラスの志郎さんが，「島尾ミホさんはぼくたちの平和の先生だね」とにこにこしながら話しかけてきました。「蔵満先生，島尾ミホさんが話してくれた戦争についておじいちゃんから話を聞いてきたよ」とノートを持ってきたのは大地さんでした。

二人とも，戦争当時の奄美のことをいろいろ聞いて，島尾さんが住んでいた加計呂麻島や戦争のことについて興味を持ったようです。ほかにも，「いつか島尾ミホさんの書いた小説を読んでみたい」「おばあちゃんが島尾敏雄さんの話を聞いたことがあるって言ってたよ」と授業の反響は大きなものでした。

学 級王国は百害あって一利無し

　小学校の教室で，担任教師が持つ力はとても大きいものです。

　教室の中で教師が大きな権力を持っている状態を「学級王国」として批判することがあります。

　教師の教育観に合わない児童の『良さ』を他の児童が認めることが難しくなります。「まとまりのある学級」とか「個性的な学級」とか評される学級の中には，教師の個性に子どもたちが圧倒されていて本来の自分を抑えていたり，がまんしたりしている場合もあります。こうした問題点を十分理解している教師でも，自分の力量の及ばない分野や興味のない分野に対しては，指導が消極的になったり，児童に対して適切な評価をできないことがあります。

　児童一人ひとりを大切にする学級づくりを目指す時に，この『学級王国』の問題点を克服する努力が必要になります。

個 を自由に表現できる場を設定する

　児童は，6年から12年という年月を生きています。担任教師との付き合いは，そのなかのほんの一時的なものに過ぎません。児童は，長い年月のなかでさまざまな経験を積み，多様な趣味も持っていれば，それなりの意見も持っています。得意なこと，苦手なこと，たくさんの思い出と，教師が簡単には知ることができない歴史を持っています。

　一人ひとりを大切にする前提として，互いを知り合うことが欠かせません。そのために，教師は児童が自由に自己表現できる場を設定する必要があります。

多様な自己表現を保証する公募への招待

　自己表現には，発表，文章，絵画，工作，自由研究，イラストなどさまざまな方法があります。授業で個性が発揮できるよう配慮するだけでなく，宿題や長期休業中の課題として選択肢の中に公募を取り入れてきました。

　小学生が応募できるものでも，絵画，シンボルマーク，詞，俳句，短歌，詩，曲，童話，写真など多様な公募が行われています。一人の教師の力量では，自己表現の機会を与えることも，評価をしてあげることもできない分野でも，児童に意欲さえあれば参加することができます。参加賞があるものや，入賞作品集が全員に送られてくるものもあります。

子ども集団に『まかせる』

　教師が指導者であることは間違いないのですが，常に学級の中心にいて仕切る必要はありません。低学年から高学年に向けて，子どもたちに『まかせる』時間を増やしていくようにしてきました。子どもたちにまかせて，試行錯誤の状態をじっと耐えて見守ることも教師にとって大切な指導だと思います。

　「どうせ先生が決めるんだ」「先生に聞けばいい」というように教師にすぐ頼る子にはしたくありません。「ぼくたちで出来ることは，ぼくたちでやらないといけない」「先生はこのことは，ぼくたちに任せてくれている」と思うようにしたいと思って任せる指導をしてきました。

　特に学級活動の話し合いや，お楽しみ会やスポーツレクリエーションでは，子どもたちに内容・方法・場所・当日の進行までま

かせてみるいい機会です。

ま かせる時に注意すること

　何をまかせるかはっきり子どもたちに伝えることが大切です。
また，時間を確保することも大切です。子どもたちの試行錯誤に
は時間がかかります。時間に余裕をもって取り組む必要がありま
す。話し合い・準備・本番と進む中で，子どもたちは互いの「良
さ」を少しずつ認め合っていきます。

　教科指導においても子どもたちに「まかせる」ことを意識して
指導します。子どもたち自身の判断で課題を解決していく場面を
設定します。

教 師が一人ひとりの良さを評価する

　児童は，教師からほめられる子をそれなりに高く評価します。
教師から叱られてばかりの子に対しては，教師と同じ口調で非難
したり，いじめにつながるようなからかいの対象にすることもあ
ります。

　教師は一人ひとりの良さを他の児童の前で高く評価していくこ
とが必要です。特に，児童の間でその「良さ」を十分評価されて
いない児童については，「良さ」をたくさん見つけて，より大き
な声で評価します。

　教師が子どもの「良さ」を評価するためには，子どもの「好き」
を知ることから始めるとスムーズに行きます。「好き」は，得意
なことや努力していること，何かをたくさん集めていることにつ
ながっていることが多いからです。

　ほめる子どもが偏ることと，同じことでいつもほめることを避けるために，子どもの「良さ」を評価したことは記録します。

子どもと教職員をつなげる

　校内の教職員を，いろいろな機会に子どもたちに紹介したり，時には校内ゲストとして教室に招きます。つながりができると，子どもたちも教職員も互いに親しみを持ち，話しかけやすくなります。

　担任が校内の大人について興味を持ち，好きなことや得意なことを知っておくと紹介しやすくなるので，同僚の「好き」カードを作ることをおすすめします。

　校長や教頭などの管理職，養護教諭，図書館司書補，専科教諭，特別支援コーディネーター，特別支援支援員，主事さんなど学級担任以外の教職員には，積極的に教室に来てもらえるようコミュニケーションをとってきました。

　私はいつも「何か困った時は，蔵満先生に相談してください。話を聞きます」と当たり前のことを話した後で，「もちろん蔵満先生はいつでも相談に乗ります。でも，蔵満先生だけが相談相手ではありません。学校にはみんなのために働いているたくさんの大人の人がいます。誰に相談してもいいですよ。去年の担任の先生，その前に担任だった先生，保健室の先生，主事さん，あなたが相談しやすい大人に遠慮なく相談してください」と話してきました。思い返すと，子どもたちの相談相手として特に頼りにしていたのは養護教諭です。どの学校でもお世話になりました。

ゲストティーチャーの招き方にはコツがある

　ゲストティーチャーの招き方を間違えると，話が難しすぎたり，とりとめのない話が続いたりして，授業の目的を達成できないことがあります。子どもたちががまんできなくなり，私語で騒がしくなり収拾がつかなくなることもあります。ゲストティーチャーに気持ちよく授業に参加していただくためにも，招き方は十分注意が必要です。

ゲストを招くまでに心がけていたこと

　ゲストに依頼する前に，まず管理職に授業の目的と講師の実績を資料にまとめて相談し内諾を得ます。

　ゲストの経歴や著書などの作品，他の場所での講演や授業の実績をもとに，最適の講師を選定します。私の場合は，直接話を聞いて感銘を受けた方のみを講師として招くようにしていました。

　ゲストに著書や新聞インタビュー記事などがあれば，なるべく全部購入して読みました。ゲストを子どもたちに紹介する時に役に立ちます。もちろんゲストも，より親身になって授業に参加してくださいます。

　ゲストに，私の授業意図や方法を伝えることも大切です。ゲストの考えも聞いて調整します。授業意図を十分理解していただくことが大切なので，丁寧にしかし遠慮なく打ち合わせをすることが大切です。

　授業への参加スタイルは，ゲストと相談して決めます。講師が一定の時間話す講演が基本ですがほかにも選択肢があります。教師との対談形式を希望する方もいます。教師や子どもたちによる

インタビュー形式で行うこともあります。

写真は沖縄県のヤンバルに
住み，環境教育を研究実践さ
れている琉球大学の大島順子
先生を指宿市立池田小学校に
招いた時のものです。大島先
生は，ヤンバルの自然や環境
保護などについて，写真を提

示しながらわかりやすく話してくださいました。

ゲストに，事前に写真撮影の目的を話し撮影許可を得ておくと，
教室掲示に使ったりや学級通信などで保護者に写真で紹介したり
することができます。

全職員はもちろん，内容によっては保護者にも事前に告知し参
加を歓迎することを伝えると，参加して手伝ってくださることも
あります。

授業の目的によっては，事前にメールや手紙で児童からの質問
などを届けることも検討し，ゲストと相談します。種村エイ子先
生に寿北小学校に2回来ていただき，がん患者としての体験やホ
スピスについて話していただいた時は，事前そして事後とメール
で子どもたちの質問に対応していただきました。学習したことや
感想は学級ホームページでも公開しました。

ゲストを招いた授業本番で心がけていたこと

講師紹介は短く，子どもたちが講師に親しみを感じる話をしま
す。講師に著書などがある場合は，実物を用意して紹介します。

マイクは不要と思われる場合でも，念のために準備をしておきます。講話開始時に，後ろの子どもたちに聞き取れる声量かどうかを確認します。講話スタイルで始めても，ゲストが困っていると判断した場合は，相談して，対談などに切り替えることもあります。教員で写真撮影など可能な参加者がいる時は依頼しておきます。

ゲストを招いた授業後に心がけていたこと

私は，児童の感想，教師からのお礼の手紙，講話のことを書いた学級通信，写真等をセットにして1週間以内に講師に送るようにしていました。学級通信には，授業の概要と児童の感想などを書きます。許可を得ている場合は，当日の写真を掲載すると雰囲気が伝わりやすくなります。

私はゲストティーチャーを，学級の特別先生として子どもたちに紹介しました。写真と名前は教室に掲示し，3月まで時々話題にしていました。特別先生には，年賀状，最後の文集などをプレゼントします。

支援学級と学級みんなでつながろう

支援学級との関係を大切にすることを大切にしてきました。支援学級にどんな子どもがいて，どんな良さを持っているのか，課題を持っているのかを，知ることから始めます。

担任学級を交流学級とする児童がいるなら，その児童を通して支援学級の他の児童ともつながります。もちろん支援学級の担当教諭は，○○さんの先生として紹介し，定期的に学級にも来てい

ただきます。

　私は，学級の子どもたちに，とても苦手なことがあって困っている友だちが○○学級や○○学級で，苦手なことをなくすために勉強をしていますと説明してきました。

　通級教室などの教師がある時も，4月にていねいに説明をしてきました。

　支援学級の先生が，私が出張の時に補教で入ってくださる時には，支援学級での勉強の様子や支援学級の子どもたちの良さを紹介してもらうようにお願いしました。

　支援学級で，作品展を開催したり，誰でも参加していいイベントがあったりする時は，学級の子どもたちと参加して，子どもたちの感想を届けてきました。

　顔や名前を覚えて親しくなることが，いろいろな条件を持つ友だちを理解し自然につきあうことができるきっかけになると考えていたからです。

9 図書館を第二の教室にしよう

　　　　　　　　　　　　　　　言葉少なく友だちともなかなか馴染めない2年生の一樹さんは，休み時間になるとさっと教室から姿を消します。どこに行くのかそっとついていくと図書館に座り込んで熱心に本を見ていました。

　「一樹さん，何読んでるの」と聞くと「恐竜の本」とにこっとして私に見せてくれました。何日かたって，また図書館に座り込んでいる一樹さんを見かけたので，聞くと，また恐竜の本でした。

　図書館司書補に聞くと，一樹さんは休み時間になるとたいてい図書館に来て，恐竜や大きな動物の図鑑を見ているそうです。

　私は，ある日の放課後，図書館に行き，一樹さんのよく見ている本を見せてもらいました。

　私は，図書目録やインターネットを使って，図書館にない一樹さんが好きそうな本をリストにし，司書補と相談して購入してもらうことにしました。

　勉強も少し遅れがちな一樹さんが勉強に少しでも興味を持つように，授業にも恐竜ネタを少しずつ出しました。恐竜のイラストを使ったり，練習問題に恐竜を登場させたりしたのです。

　恐竜ネタが増えたからか，恐竜に興味を持つ子どもが増えて，図書館の恐竜の本も人気になりました。一樹さんは，恐竜ネタが出るたびに嬉しそうな顔をして，指名してほしいようで積極的に手をあげるようになりました。

図 書館に秘密の 9¾ 番線がある

　図書館にはどこでもドアがあります。J. K. ローリングの小説『ハリー・ポッター』シリーズにホグワーツ特急の始発駅として登場するキングス・クロス駅にある秘密の9¾番線のような場所が図書館にはあります。そこは，宇宙にも，原始時代にも，北極にも通じています。

　友だちと少し違う感性を持つ子，教師が共感部分を見つけづらい子どもが，たくさんの本の中から琴線に触れるものと出会えるかもしれません。それは，物語かもしれません，詩かもしれません，特定の作家かもしれません。

　何に対しても無関心で特に好きなものがないという子どもが，少しおもしろそうと思う何かに出会えたら何よりです。

　子どもが偶然そうした本に出会うことを期待するだけでもいいのですが，教師にはできることがいろいろあります。私は，意図的に図書館を第二の教室として活用し，子どもたちにとって大切な場所になるようにいろいろな仕掛けを行ってきました。

教 師が図書館博士になることから

　小学校教諭をしていた時，転勤すると真っ先に入り浸っていたのは図書館でした。ゆっくり見て回り，ある本のこと，あるべきなのにない本のことを考えました。

　担当する学年の教材として使えそうな本はないか，地域のことを知ることができる本はないか，いろいろなことを考えながら図書館を歩いていると自然に図書館に詳しくなります。

気 になる子どもの好きな本を知る方法

　気になる子どもがどんな本を好きかという情報はとても貴重
で，早い段階で知ることが活用する機会を増やします。

　まず，図書館の貸し出し記録で確認します。同じシリーズの本
を繰り返し借りていたり，同じ本を繰り返し借りていたりするか
もしれません。貸し出しカードを見ると，その子の世界が少し見
えてきます。

　図書館で自由読書の時間があれば，どのような本を手に取って
いるか，そっと見てみます。貸出禁止になっている図鑑，辞典な
どの中にお気に入りの本があるかもしれません。

　家庭訪問で，「好き」なものを聞く時に，好きな本についても
聞いてみます。学校の図書館にはない本の名前が出てくるかもし
れません。熱中しているマンガがあるならメモします。見せても
らえるなら少しだけ読んでみます。

好 きな本を授業に活かす

　気になる子どもの好きな本がわかったら，まず読んでみます。
何冊か読むと，その子の好きな本の傾向がわかってきます。冒険
物全般が好きなのか，海賊物に限定されるのか，お姫様が登場す
る話が好きなのか，読んでみると少しずつわかってきます。

　気になる子どもの好きな本を，授業にさりげなく取り入れられ
ないか検討します。お姫様物が好きなら，授業に使うキャラクター
にお姫様の要素を取り入れることができるかもしれません。名前
を使えないか，決めぜりふを使えないか，検討してみて可能なら
取り入れてみます。

　その子の好きな本をさりげなく読み聞かせの本に選ぶことは簡単にできます。その子が音読したいようなら，機会を設定することもできます。

図 書館の本を充実させる

　私の経験では，図書館への新しい本の購入希望を募っても，希望図書のリストを出す教員は限られています。図書館の本を充実させるために，日頃から購入希望の本をリストにまとめておくとさっと出せて便利です。

関 係者とのコミュニケーションづくりが大切

　図書館に関わる同僚とのコミュニケーションづくりを大切にします。校長・教頭など管理職や保健教諭，特別支援教育に関係する先生には，特別な支援が必要な児童についての大切な情報の1つとして，好きな本についても伝えておきます。休み時間に過ごす場所の1つとして，また時にはクールダウンの場所として図書館を活用することを理解してもらった上で，声をかけてもらったり見守ってもらったりするために必要な情報です。

　図書館を勤務場所とする司書や司書補がいる場合は，連携して指導に当たってもらうため情報交換を欠かさないようにします。年度当初に，担任する児童で図書館を特に活用する可能性がある児童について情報交換を行います。クールダウンの場所として使う場合には，ていねいに意図を説明し特別な支援の意義と図書館を活用する理由と方法について共感を得ておきます。

　実際に図書館に児童が来て，気になる行動を行った場合の対応

についても意見交換を行い，対応の仕方や必要な時の連絡方法について相談します。任せっぱなしにならないように，情報交換は随時行い，指導方法や連絡方法について修正を行います。私はどこの学校でも図書館の担当になった方とは自然に親しくなりました。

意 図的誘導のテクニック

図書館に自分から足が向く子は安心です。大きな一歩を歩み出しているので，教師がその子の興味関心を知り共感しながら寄り添う方法を見つけることができます。

もちろん図書館以外の場所に落ち着く場所を見つける子もいますし，図書館より他の場所が合っている児童もいます。それでも，落ち着ける場の一つとして，またいろいろな成長する可能性を見つけられる場として，児童に図書館に意図的に誘導する試みを続けました。

学 習とつながる本を紹介する

国語教科書の教材と関連する図書館の本は4月にリスト化しておきます。例えば椋鳩十の「大造じいさんとガン」なら，動物が登場する作品や著者である椋鳩十の作品を図書館でリストにまとめておくと，授業で紹介することができます。

4月に調べるのには理由があります。紹介したい本が図書館にない時に，購入希望を出すと学習する時に間に合う可能性があります。

国語でことわざが話題になったら，「そういえば図書館に面白

いまんがことわざ辞典があるよ」，算数でかけざんを勉強したら「図書館にかけざん学習の絵本があって面白いよ」，社会で沖縄を勉強したら「図書館にはイリオモテヤマネコやヤンバルクイナの写真集があったよ」，体育でサッカーを学習したら「だれでもサッカーが上手になる本があったよ」という具合です。

　もちろんみんなが借りに行くと困りますが，学級内ベストセラーになるのは間違いありません。

気になる子どもに本を紹介する

　特に気になる子どもには，その子の好きなことに関連する本をしっかり調べた上でさりげなく紹介します。

　第1章で紹介した「好き」なものチェックシートを持って図書館に行きます。そして，チェックシートにある好きなことに関連する本をチェックします。そして，さりげなく，「田中さんの好きなパンダの新しい本が明日から借りられるらしいよ」と話すのです。司書と連携して「パンダの本を予約できるらしいよ」と特別情報を伝えることだってできます。

　楽しい詩が好きな子なら「谷川俊太郎の『どきん』は面白い詩がいっぱいだよ。うんちなんて詩もあるんだよ」，絵が好きな子なら「マンガの書き方の本があるよ」という具合です。

教師のおすすめ本もバランスよく紹介する

　教師それぞれに子どもの頃夢中になっていた本は，昔の思い出とともに子どもたちに紹介すると，子どもたちは本にも先生にも親近感を感じます。

私の場合は，『巌窟王』や『ロビンソン・クルーソー』などの名作と呼ばれる作品や江戸川乱歩の少年探偵団シリーズ，コナン・ドイルのシャーロック・ホームズシリーズなどの推理小説などがあります。

　また，教師として子どもたちにぜひ読んでほしい本も，発達段階に応じて紹介すると子どもたちなりに感じるものがあるようです。

　教室で無視されていた少年がいそべ先生と出会うことで物語が展開する，八島太郎の『からすたろう』。沖縄県出身者を両親に持つ小学6年生のふうちゃんの人々との出会いを描いた灰谷健次郎の『太陽の子』などです。

読み聞かせは本への関心も高める

　読み聞かせを学級経営の中に位置づけると，子どもたちに落ち着いて話を聞く習慣や，集中する習慣が身につくなどの効果があるだけでなく，読書に対する興味関心を高めることにも繋がります。

　一週間の中で，定期的に読み聞かせを行う時間を設定すると忘れません。思いついた時に読めばいいと考えていると，忙しい学校生活の中で埋もれてしまい何週間も読み聞かせをしていないということになりがちです。私は週に2回曜日を決めて読み聞かせを行っていました。

　写真は，民話を本にする活動をされている吉原カヲリさんが子どもたちに話をされているところです。子どもたちは夢中に見て聞いていました。

　子どもの中には，聞くことは苦手だけど，話すことは好きという子どももいます。教師だけでなく子どもたちが読み聞かせをする機会もつくるようにしていました。四人程度のグループで，交代に読み聞かせをすると，少ない機会で全員が読むことができます。

　群読は，身体を動かすことが好きな子どもも喜びます。教科書教材や群読用のテキストを使って群読を取り入れるとすぐに準備できます。子どもたちに簡単な群読のテキストを書かせると，とても面白い作品ができます。

図書館情報を大ニュースとして扱う

　図書館情報は，子どもたちに積極的に大々的に伝えると効果があります。取り扱い次第で情報は大ニュースになります。

　「先生がリクエストしていた〇〇が明日から貸し出し開始です」「昨年度の4年生貸し出しランキングトップ10が発表されました」「司書補の先生のポップ最新作いよいよ本日公開」という具合です。

困っている児童を支える本を図書館にそろえる

　本は，わくわくする楽しい世界に導いてくれたり，勉強の資料として役だったりするだけではありません。困っている人を勇気づけたり，道を示したりしてくれたりすることもあります。発達

障害があると思われる子どもたちにとって，時には自己理解を深め，努力や成長の道標となることもあります。

　ミネルヴァ書房の「発達と障害を考える本」（内山登紀夫監修）は，『自閉症のおともだち』『アスペルガー症候群［高機能自閉症］のおともだち』と小学生から読める内容で18巻あり，障害についてわかりやすく書いてあります。

　発達に障がいがあると思われる児童で，診断を受けていて，本人も自分の障がいを理解している場合には，保護者と相談の上で，こうした本を読むことを勧めていました。

　当事者が読むことを前提とした大月書店の『LDの子のためのガイドブック　学校と勉強がたのしくなる本』『ＡＤＨＤの子のためのサポートブック　学校と生活がたのしくなる本』などもあります。

　点字の本は，視覚障害者がいない学校でも少しでいいので揃えておきたい本です。小学館の視覚障害児のための手で見る点字絵本『テルミ』は長年発行されている定期刊行物でおすすめです。絵も入っているので，健常者も点字を感じながら読むことができます。外国語の絵本や児童向けの本もあると，外国語の勉強に興味を持つきっかけにもなります。

10 1人も全員も主人公になる 学級通信をつくろう

エピソード

「蔵満先生，家族揃って楽しみにしていたんですよ」と保護者会の後，正晴さんのお母さんに話しかけられました。

「何のことですか」と聞くと，「うちの子は誕生日が3月だから，4月からずっと待ってました」と言って数日前に配布した学級通信を取り出して見せてくれました。そこには，正晴さんのにこっと笑った顔写真が映っていました。

低学年の担任になった時は，学級通信で誕生日通信を出すようにしていました。

正晴さんのお母さんが，「先生，1枚は福岡の祖父母に贈ったら喜ばれました。ありがとうございます」と言われたのには理由があります。

全員に1枚ずつ，そして本人には別に2枚持たせるようにしていました。「学級通信の読者は，子どもの数の5倍と思って書くよ。30人の学級だと，150人。読者を意識して書くと，書くのがもっと楽しみになるから。」
と，先輩教師に言われてから，読者5倍という意識が頭から離れなくなりました。

行事の連絡や，勉強に関する情報も大事だけど，子ども一人ひとりの良さを伝えることが学級通信の大切な目的だと思って書いていました。

学級通信は子どもが喜んで保護者に見せたくなるものに

　学級通信を配ると，子どもたちは一生懸命に読み始めます。自分の名前があるとにこにこします。うれしそうな顔で，ほらと友だちに見せる子もいます。

　1年生の担任の時はほぼ毎日，それ以外は週に2回程度の学級通信を出していました。

アンケートの結果を紹介して子どもたちの声を共有する

　6年生の学級開きに，ほぼ初対面の子どもたちに「こんな先生だったらいいなアンケート」をとり，集計し学級通信で紹介しました。

　子どもたちの担任に対する願いを知り，学級づくりに反映させる覚悟を表す意味もあります。これをラミネートして私の机に一年間貼り，時々見ると初心に返ることができました。

誕生日通信はみんなの笑顔につながる

　低学年の担任になると誕生日通信を出していました。誕生日通

信は誕生日当日に出す特別号で，誕生日が学校の休みと重なる時
は，前の方で一番近い登校日に出します。誕生日は誰にとっても
大切です。誕生日特典はどの学年でも設定していました。誕生日
特典の内容は４月に学級通信で告知します。

> ・黒板にお祝いを告知する。（目立つように派手に書きます）
> ・好きな席に１日座っていい。（希望する場所に座っている
> 　子は笑顔でゆずります）
> ・宿題はなし。（宿題が全員にない日は次の日になしにします）
> ・給食の牛乳でお祝い乾杯をする。（日直が合図します）
> ・学級通信で特集号を出す。（数日前から準備をします）
> ・ちょっとしたことなら叱られない。（人を傷つけたりした
> 　時は別です）

　学級通信の誕生日記念号は，笑顔の写真と，インタビュー記事
で構成します。完成した通信は，誕生日当日に誕生日特典の一つ
として発行します。本人には，カラー印刷したものを三部手渡し
して，みんなで拍手します。

詳 細なテスト計画を書き入れた時間割通信

　テストの予定が早めにわかっていると勉強に取り組みやすい子
どもがいます。時間を有効に使い，保護者や教師に質問をしなが
ら苦手な部分を克服しようという子どもにとってはとても役に立
つ情報です。そのためには長期的な試験情報が役立ちます。私た
ちも先の予定がわかっていると計画的に仕事を進めることができ

ます。子どもたちも同じです。特に学年末には試験情報を含めた長期の予定を公開します。

　テストは，一週間以上前に予告をして時間割に明記します。テストを一定期間前に予告するのは，学力向上に効果的です。大切なのは日時とテスト範囲です。目標があると勉強する意欲が高まります。評価につながるテストを抜き打ちで行うことはしません。

　テスト予告は，子どもだけでなく保護者にも知っていてほしいと思いました。子どもと勉強をするきっかけになる可能性があります。いつも子どもの勉強を見ている保護者には，焦点を絞って一緒に勉強をすることができたと好評でした。

　学期末は，長期の授業計画を出します。教師にとっても，計画を早めに立てるとテストを一日に何枚もしないですみます。テスト一日一枚の原則を立てると，子どもたちが学習しやすくなるし，まとめ学習も効率的に行うことができます。私は，学期末は３週間前から日程表を通信で出していました。その後，変更があるので毎週末に残る日の計画表を修正して出します。

　試験日を設定すると，試験を意識して，小テスト，予備テスト，宿題を計画的に実施することができます。

授業のポイントは通信でお知らせします

　昔と今では算数の教え方が違うから……と思われている保護者に，今の教え方を理解してもらうことが必要です。全部の単元となると大変なので，算数など保護者が特に気にする内容について重点的に通信で伝えます。例えば計算の手順は，ノートの書き方と記号の書く順番も含めてていねいに通信で紹介します。手順は

文章で書くとわかりやすいようです。保護者が通信を読み，学校で学習していることを理解し，家庭で学習している子どもに助言をしてくれることはとてもありがたいことです。計算の補助記号などで，全員に書かせるものと，特に苦手な子に書かせているものとあるなら，そのことも明記します。子どもがわかる方法が一番だということを説明します。

　通信だけでは伝わりにくいこともあるので，学級懇談会で，保護者に学習している内容でわからないことがないか聞くようにしていました。学校で教えている以外の計算方法について保護者から質問された時は，学校で教えている計算方法についてていねいに説明した上で，他の計算方法についても認める態度で素直に聞きます。絶対的な教え方などないからです。学校で教えるのはあくまでも基本的な計算方法です。重要な計算については，参観授業で取り上げ具体的な指導場面を見てもらうとわかりやすいようです。

ノートの使い方も通信で知らせます

　ノートが整理されている子どもは，成績が高い傾向があります。指導をしっかりするためにも保護者と連携します。新しい担当学年が決まったら，ノートをどう使わせるかを決めて，国語・算数・社会・理科とそれぞれの教科ごとにモデルになるノートを作ります。教科ごとのモデルノートを，説明も入れて通信にまとめます。

　授業開きの次の時間に，ノートの使い方を指導して，保護者にも通信で説明します。ノートの使い方を指導したら，しっかり守るよう指導を続けます。指導した通りにノートを書いている子ど

ものノートをほめて通信でも紹介します。学期はじめに取り上げると効果的です。

図 工の材料協力は1ヵ月前に知らせます

図工で使う材料集めを保護者に依頼するなら1ヵ月前までに通信に書きます。授業の数日前に，家にないものを持ってくるよう指示されると，保護者の中には簡単に準備することができずに困る方がいます。子どもも早めに持ってくるものがわかっていると自分で準備をしやすくなります。

テ スト対策も通信で紹介します

勉強が苦手な子どもの場合，何を勉強すればいいかわからないままテストを迎えることも多いようです。何を勉強すればいいかを通信で伝えることも大切です。

「テストなんだから勉強しなさい」と言っても勉強の仕方が分からない子には通じません。子どもに勉強を教えたいと思っている保護者でも何をどう勉強させたらいいのかわからず困ることがあります。時々でいいので通信に勉強の方法を書くととても喜ばれます。テスト前に，どういう勉強をしたらいいかも通信で紹介します。国社算理だけでなく，体育や音楽もテスト前には，テスト内容をはっきり紹介します。

学 級の困りごとを訴えたことがあります

長い教員生活の中で一度だけ，解決しない靴かくしに悩んだことがありました。いろいろな手立てをとりましたが，靴隠しが続

きました。

　他に方法がみつからず，最後の手段として祈るような気持ちで書き，学級通信に掲載したのがこの文章です。この通信が役に立ったのかどうかわかりませんが，靴隠しはなくなりました。靴を隠した人は最後までわからないままでした。

> なぜくつをかくす!
> 6年の夏休みがあけてから4回も
> 人目を気にしながらくつばこに近づき
> ひとのくつを手にとり暗いところに投げ込んだ
> その時のその人の目口耳　心を想像してみよう!
> くつをかくされた人の想いを知ってほしい
> 悲しくて寂しくて不安な気持ちを想像してほしい
> それでもまだくつをかくすのか!
> なぜくつをかくす!
> どんな理由があったとしても卑怯だ!
> なぜくつをかくす!
> 私たちは、君の名前を知ることはないかもしれないが
> 君は、その時の君自身の行動と気持ちをいつまでも忘れてはいけない
> もう終わりにしよう
>
> 6年生になって数回、くつを隠された友だちがいます。
> 見つかった場所は、どぶやトイレです。なくなるたびに、何人もの友だちが、
> 一緒に、一生懸命に探してくれました。
> 夜6時まで探しましたが、出てこなかったこともあります。暗くなりかけた校
> 庭の隅で、その子は数人の友だちと途方に暮れていました。
> 誰かが隠しているはずです。
> 学級では何度も話し合っています。
> くつを隠された子は、悲しく腹立たしいことでしょう。
> 隠した子も可哀想だと思います。
> 何か理由があるのだと思います。
> つらいこと、悲しいこと、何か理由があるのだと思います。
> 隠した子が、自分から言ってきてくれたら一番いいのですが。
> 今、一番悩んでいることです。解決したいことです。

個 性を通信で紹介します

　学級通信で，子ども一人ひとりの魅力的な個性を紹介することは，互いを認め合う学級づくりにつながります。

　参観日当日か前日の学級通信には，掲示物の説明などを書き込んだ教室マップを載せます。教室の机や椅子などの配置図を書き，掲示物の説明を書きます。図工作品なら，単元名や見るポイントを簡単に書きます。学級対抗のスポーツ大会でもらった賞状やト

ロフィーなどがあれば，試合の様子などの写真も入れてマップに載せます。私は，参観日当日に教室の廊下に置き，保護者が説明を読みながら教室を見てもらうようにしていました。

絵 や工作の作品を通信で紹介する

学級通信に，共通の記事として，授業のねらいや制作の様子について書きます。そして，個別の記事として，子どもの作品の写真と本人の感想，班の数人の友だちの感想を書き込ませ，不適切な感想がないか確認し持ち帰らせます。（子どもの作品写真は，全員の写真をＡ４用紙一枚に８人分か10人分まとめて印刷して切り貼りすると簡単に用意できます。）

自分の作品について同級生数人が書いた感想が読めるので，子どもにも保護者にも好評でした。完成した通信は，教室に掲示し，友だちの作品に対する感想を読み合わせてから持ち帰らせるようにしていました。

全 員の発言を通信に載せます

一つの課題について子どもたちが考えたことを掲載する通信も，子どもたちの個性が感じられて好評でした。

「好きな遊具」「大好きな給食のメニュー」「校歌で一番好きな歌詞」のような簡単なアンケート，多様な考えが出やすい国語の作品についての感想，社会の問題を解決するためのアイディアなどを通信に載せます。もちろん，不適切な内容にならないようにていねいに内容を確認します。

子どもの名前を書くか書かないかは課題によって異なります。

名前を載せず，保護者に自分のお子さんの意見はどれか予想して
もらい，正解はどれか子どもに聞いてくださいというクイズもた
まに出しました。

作文を通信で紹介する

　子どもの書いた作文を年に1回ずつ学級通信に載せます。発表は
なかなかしない子どもが，文章を書くのは好きで個性的な作品を書
くことがあります。普段はなかなか話すことがない友だちの文章を
読んで親しみを感じたり，話しかけたりすることもあります。

　全員の作品が掲載されることが大切です。名簿でしっかり
チェックしながら紹介します。

　誤字脱字は訂正させました。子どもや子どもの家族が恥をかか
されたと思うようでは大失敗です。

　友だちにあまり知られていない特技や趣味，がんばっているこ
とがわかる文章を選んで，本人に掲載許可をとってから学級通信
に載せます。

　教師が書き写したり，活字にしたりする方法もありますが，児
童直筆の方が親しみがわくと思う保護者も多いので，原則は児童
の手書きでした。教室で配ったあと，そのまま持ち帰らせるので
はなく，一度読ませてから持ち帰らせるようにしていました。

最後の学級通信として学級文集を発行する

　子どもたちは，感動したことや未来への希望を書きます。私は，
「大人になったあなたへ」と題したメッセージを書きます。学級
最後の日，学級文集を一人ひとりに手渡しして学級を閉じます。

●著者紹介

蔵満逸司

　1961 年鹿児島県生まれ。国立大学法人琉球大学教職大学院准教授。沖縄大学非常勤講師。

　元鹿児島県小学校教諭 (29 年勤務)・日本 LD 学会会員・特別支援教育士。

■著書

　『奄美まるごと小百科』『奄美食 (うまいもの) 紀行』『奄美もの知りクイズ 350 問』『鹿児島もの知りクイズ 350 問』『鹿児島の歩き方鹿児島市篇』(以上 , 南方新社)『授業のツボがよくわかる算数の授業技術高学年』(以上 , 学事出版),『小学校 1・2・3 年の楽しい学級通信のアイデア 48』『小学校 4・5・6 年の楽しい学級通信のアイデア 48』『見やすくきれいな小学生の教科別ノート指導』『特別支援教育を意識した小学校の授業づくり・板書・ノート指導』『教師のための iPhone & iPad 超かんたん活用術』『ワークシート付きかしこい子に育てる新聞を使った授業プラン 30+ 学習ゲーム 7』『小学校プログラミング教育の考え方・進め方』『小学校 授業が盛り上がるほぼ毎日学習クイズ BEST365』(以上 , 黎明書房),『おいしい！授業 -70 のアイデア & スパイス +1 小学校 1・2 年』(フォーラム A),『ミナミさんちのクイズスペシャル』1,2,3(以上 , 南日本新聞社 * 非売品)

■DVD

　『演劇・パフォーマンス系導入パターン』『実践！ミニネタアイディア集 (算数編)2 巻』(以上 , ジャパンライム社)

■共著

　『42 の出題パターンで楽しむ痛快社会科クイズ 608』『クイズの出し方大辞典付き笑って楽しむ体育クイズ 417』(以上 , 黎明書房)

■編著書

　上條晴夫監修『小学校算数の学習ゲーム集』『算数の授業ミニネタ & コツ 101』(以上 , 学事出版)

■算数教科書編集委員

子どもを見る目が変わる！
インクルーシブな視点を生かした学級づくり・授業づくり

2021 年 2 月 1 日　初版発行

著　者　　蔵　満　逸　司
発行者　　武　馬　久　仁　裕
印　刷　　藤原印刷株式会社
製　本　　協栄製本工業株式会社

発　行　所　　　　　　　株式会社　黎　明　書　房

〒 460-0002　名古屋市中区丸の内 3-6-27　EBS ビル　☎ 052-962-3045
FAX 052-951-9065　　振替・00880-1-59001
〒 101-0047　東京連絡所・千代田区内神田 1-4-9　松苗ビル 4 階
☎ 03-3268-3470

ISBN978-4-654-02344-8

蔵満逸司著 　　　　　　　　　　　　　　　B5判・86頁　1900円

特別支援教育を意識した
小学校の授業づくり・板書・ノート指導

発達障害の子どもだけでなく全ての子どもの指導をより効果的なものにするユニバーサルデザインによる学習指導を，授業づくり・板書・ノート指導にわけて紹介。

蔵満逸司著 　　　　　　　　　　　　　　　B5判・94頁　1800円

小学校　授業が盛り上がるほぼ毎日学習クイズ BEST365

授業の導入や，スキマ時間，家庭学習に役立つ，ほぼ毎日できる365問。クイズはすべて，その日に起きた出来事などから作られた三択クイズ。楽しみながら知識を増やし，思考力を高めることができます。

蔵満逸司著 　　　　　　　　　　　B5判・85頁・オールカラー　2300円

小学校　プログラミング教育の考え方・進め方

小学校で新しく始まるプログラミング教育について，パソコンが苦手な先生でも理解できるよう平易に解説したプログラミング教育の入門書。指導例に基づく教科別の指導プラン・ワークシートなどを収録。

蔵満逸司著 　　　　　　　　　　　　　　　B5判・86頁　1800円

ワークシート付き かしこい子に育てる
新聞を使った授業プラン 30 ＋学習ゲーム 7

「新聞のグラフを読み取ろう」など，新聞を使った小学校の各教科の授業プランと学習ゲームを収録。アクティブ・ラーニングの教材としても最適。

蔵満逸司著 　　　　　　　　　　　B5判・86頁・オールカラー　2300円

教師のための iPhone & iPad 超かんたん活用術

はじめて iPhone や iPad をさわる人でも，すぐに授業や普段の教師生活に活かせるノウハウを収録！　操作説明や基本の用語，各教科の授業や特別支援教育に役立つアプリも厳選して紹介。

田中和代著 　　　　　　　　　　　　　　　B5判・97頁　2100円

ワークシート付き アサーショントレーニング
自尊感情を持って自己を表現できるための 30 のポイント

誰もが自分らしく，さわやかに相手と違う意見を主張したり，断ったりできるアサーションスキルを身につけられる本。小学生からすぐ授業に使えます。

渡辺暢恵著 　　　　　　　　　　　　　　　B5判・135頁　2400円

コピーして使える小・中学校の
授業を高める学校図書館活用法

学校図書館を活用し，教師・司書教諭・学校司書が協力して作る，小・中学校の授業の指導案とワークシートを収録。ブックトークのシナリオ例やコロナ対策も。

表示価格は本体価格です。別途消費税がかかります。

■ホームページでは，新刊案内など，小社刊行物の詳細な情報を提供しております。「総合目録」もダウンロードできます。　http://www.reimei-shobo.com/